Der 15 Minuten Philosoph

tosa

Bildnachweis:
Aleš Tošovký: 29
Clipart: 152, 176
Corbis: 51 (Rick Friedman), 69 (Bettmann), 73 (ClassicStock), 99 , 126 oben (Oliver Coret/In Visu), 128 (Bettmann), 129 (Tarker), 147 (Hulton-Deutsch-Collection).
David Woodroffe: 150 unten. *Dhatfield:* 23. *Friman:* 167. *Getty Images:* 79. *Guinnog:* 142. *Ken and Nyetta:* 48. Kobal Collection: 4, 162. *Pearson Scott Foresman:* 120. *Press Association Images:* 185 (Richard Drew/AP). *NASA:* 20. *Shutterstock:* Cover Front (Alexa Z), Cover Back, 9, (VLADGRIN), Cover Back (Neoplantski), Cover (HAKKI ARSLAN), 5, 7, 8, 9, 10, 11, 15, 19, 22, 24, 25, 27, 28, 30, 32, 36, 38, 39, 40, 41, 43, 44, 46, 48, 50, 54, 55, 57, 58, 59, 63, 64, 65, 68 unten, 70, 76 oben, 76 unten, 77, 81, 82, 84, 86, 87, 88, 90, 91, 92 oben, 92 unten, 93, 96, 97, 100 oben, 100 unten, 101, 103, 104, 107, 108, 112, 113 unten, 115, 117, 118, 119, 122, 123, 125, 126 unten,130, 134 (africa924), 135, 136 unten, 137, 139, 145, 146 oben, 146 unten (yakinii), 149 (Wally Sternberger), 150 oben (Peeradach Rattanakoses), 151, 156, 159, 160 oben (catwalker), 160 unten, 164, 165, 171, 175 (Bocman1973), 177 (Kobby Dagan), 178 oben, 178 unten, 179, 183, 184, 191. *Wellcome Images:* 45, 136, 138, 187.

Erstveröffentlichung unter dem Titel:
„The 15-Minute Philosopher"

Genehmigte Lizenzausgabe
tosa GmbH
Industriestraße 19
64407 Fränkisch-Crumbach 2017
www.tosa-verlag.de

ISBN 978-3-86313-530-0

Übersetzung, Satz und Umschlaggestaltung:
designcat GmbH

Inhalt

Wozu soll Philosophie gut sein?

Haben Sie manchmal schon bis spät in die Nacht bei einer Flasche Wein oder starkem Kaffee gesessen und über die großen Fragen des Lebens diskutiert? Auch wenn Sie weder Zeit noch Ausdauer haben, um lange wach zu bleiben – Sie können Ihr Gehirn bereits vor Einbruch der Dunkelheit einem philosophischen 15-Minuten-Workout unterziehen!

Anwendungsmöglichkeiten der Philosophie

Manche Menschen sehen die Philosophie als eine Beschäftigung für Menschen im Elfenbeinturm an, die für die Realität völlig nutzlos ist. Doch das ist weit gefehlt! Hinter jeder wichtigen Entscheidung verbirgt sich Philosophie und sie wirkt in alle Bereiche

Philosophen trinken oftmals zu viel Alkohol und Kaffee, rauchen zu viel und geben dem Sinn des Lebens eine zu große Bedeutung.

„Ich sehne mich nach der Klarheit des Geistes darüber, was ich tun muss ... Es gilt eine Wahrheit zu finden, die Wahrheit für mich sein kann, die Idee zu finden, für die ich leben und sterben kann."

Søren Kierkegaard, 1835

unseres Lebens hinein. Unsere Gesetze basieren auf philosophischen Überlegungen, ebenso die Auslegung von religiösen Texten, wie wir mit Verbrechern umgehen, wie wir unsere Schulen organisieren, ob wir Überwachungskameras installieren, was wir von genmanipulierten Lebensmitteln oder Pornos im Internet halten, wie viel Steuern wir bezahlen und was wir über Organtransplantation denken. Über ethische, politische und metaphysische Fragestellungen nachzudenken macht viel Spaß und steigert die Fähigkeit, Entscheidungen zu treffen. Es ist wichtig, um sachkundige Standpunkte gegenüber entscheidenden Lebensfragen beziehen zu können.

Diogenes, ca. 350 v. Chr., Athen: In vergangenen Zeiten mussten die Philosophen auch ohne Kaffee und Zigaretten auskommen: Diogenes lebte äußerst bescheiden in einer großen Tonne.

Die Philosophie hilft uns, die eigenen Gedanken auf den Punkt zu bringen und zu begründen und befähigt uns, so zu werden, wie wir gerne sein würden. Wir werden dadurch nicht gleich zum Filmstar oder zum Astronauten, aber wir verstehen, was nach unseren eigenen Richtlinien im Leben wirklich zählt. Kaum etwas ist so wichtig und befriedigend wie die Entwicklung der Persönlichkeit. Alles, was Sie dafür brauchen, sind Sie selbst und Ihr Gehirn.

Viele Fragen – kann man sie überhaupt beantworten?

Wenn wir wissen wollen, welcher Berg höher ist, brauchen wir nur zu messen und die Ergebnisse vergleichen. Wenn wir genau messen, gelangen wir zu einer eindeutigen Antwort. Bei der Philosophie geht das nicht. Wenn wir über die Existenz Gottes diskutieren, kann jeder von uns seine eigenen Beweggründe darlegen. Wer von uns recht hat, lässt sich jedoch nicht sagen. Es gibt keine Möglichkeit, allumfassend „wahre" Antworten zu finden, z.B. auf die Frage, ob Schwangerschaftsabbruch moralisch vertretbar ist oder die Demokratie die gerechteste Regierungsform ist.

Wir können unsere Gedanken nicht überprüfen, wie die Höhe eines Berges. Doch wir können in der Diskussion herausfinden, welcher von unterschiedlichen Gedanken am besten dazu geeignet ist, der Wahrheit auf die Spur zu kommen. Wir können aber auch unseren Standpunkt immer und immer wieder hartnäckig vortragen. Der erste Ansatz ist philosophisch, der zweite unproduktiv und kompromisslos.

Achtung! Philosophen bei der Arbeit

Sokrates, ein Philosoph des alten Griechenland, zog in der Stadt Athen umher und lehrte Philosophie. Seine lebhaften Diskussionen mit der aristokratischen Jugend waren den älteren Stadtbewohnern ein Dorn im Auge. Nach ihrer Ansicht wurden die jungen Leute dadurch aufrührerisch und streitlustig. Sokrates wurde schließlich angeklagt, weil er angeblich die jungen Leute verdarb und die Götter beleidigte. Man bot ihm die Begnadigung an, wenn er als Gegenleistung die Philosophie aufgab. Dies lehnte er jedoch ab, wodurch er das Gericht noch mehr gegen sich aufbrachte und zum Tode verurteilt wurde. Er starb 399 v. Chr. durch den giftigen Schierlingstrunk, den er umgeben von seinen Freunden und Anhängern einnahm. Sokrates gilt als der Vater der westlichen Philosophie.

Die Philosophen waren von jeher durch Verfolgung bedroht. Oftmals wandten sich totalitäre Regime gegen die Intellektuellen in ihrer Mitte. In China zu Maos Zeiten, im Kambodscha von Pol Pot und auch in der UDSSR unter Stalin wurden Intellektuelle verfolgt und eingesperrt, weil sie die Gefahr in sich bargen, die Bevölkerung gegen die Obrigkeit aufzubringen – genau wie damals bei Sokrates vor 2500 Jahren. Menschen, die nicht nachdenken, sind leicht zu beherrschen und zu unterdrücken. In einem unaufgeklärten Staat werden Philosophen als eine Art intellektuelle Waffenhändler betrachtet.

Um in der Philosophie etwas zu erreichen, muss man offen und neugierig sein und bereit, seine Ansichten zu verändern oder zu vertiefen. Vielleicht bleiben Ihre Ansichten dieselben, jedoch werden sie fester in der Vernunft verankert und mit Belegen untermauert.

Meinung kontra Wahrheit

Weil es in der Philosophie keine endgültigen Beweise gibt, werden philosophische Fragen oftmals als Meinungssache betrachtet. Doch der Mangel an „wahren" Antworten bedeutet nicht automatisch, dass eine Frage Meinungssache ist. Vielmehr besteht die Philosophie im Darlegen von Aussagen und ihrer Überprüfung durch logische und vernünftige Argumente sowie Gegenargumente, um zu den bestmöglichen Antworten zu gelangen. Diese Antworten können durch ein weiteres Argument zu Fall gebracht werden – genau wie eine Theorie in der Physik später durch eine bessere ersetzt werden muss, weil sie dem beobachteten Phänomen besser entspricht und es ermöglicht, genauere Vorhersagen zu treffen. Damit ein Gedanke in der Philosophie als „gut" gelten kann, muss er folgerichtig, ohne inneren Widerspruch, umfassend und in vielen Fällen universell anwendbar sein.

Berge vermessen

Nichts ist so leicht, wie es zunächst erscheint – auch die Frage nach dem höheren Berg nicht. Sowohl in der Wissenschaft als auch in der Philosophie muss eine Frage eindeutig sein, bevor man darauf eine Antwort sucht. Ist der Mount Everest im Himalaya der höchste Berg oder ist es der Mauna Kea auf Hawaii? Es kommt darauf an, wie man misst ...

Misst man ab der Meereshöhe, ist es der Mount Everest. Misst man von der unmittelbaren Umgebung aus (in diesem Fall der Meeresgrund), ist es der Mauna Kea. In der Philosophie wird sowohl die Frage als auch die Antwort hinterfragt.

Kann etwas jemals wahr sein?

Wenn wir die Wahrheit einer philosophischen Aussage nicht überzeugend aufzeigen können, bedeutet dies dann zugleich, dass es keine philosophischen Wahrheiten gibt? Die Philosophen haben sich diese Frage gestellt und sind – wie zu erwarten war – zu verschiedenen Antworten gelangt. Diese Frage beschränkt sich nicht auf die Philosophie, sie betrifft auch andere Bereiche, die Physik eingeschlossen. Sind unsere Entdeckungen in der Physik tatsächlich Entdeckungen einer objektiven

Gibt es noch anderes Leben im Universum? Wir wissen es nicht. Es gibt eine wahre Antwort auf diese Frage – aber wir haben nicht die Mittel, sie zu finden.

Wahrheit oder sind sie eine zweckmäßige Darstellung unserer Beobachtungen der Welt? Es ist möglich, dass „da draußen" eine Wahrheit liegt. Aber auch darüber besteht keine Gewissheit.

„Menschen zu töten ist falsch"

Wie auch die Wissenschaft sucht die Philosophie nach der Wahrheit. Im Hinblick auf die Aussage „Menschen zu töten, ist falsch" gelangen wir schnell zu Beispielen, bei denen manche dies nicht für falsch erachten würden – z.B. wenn ein todkranker Mensch darum bittet, von seinen Schmerzen erlöst zu werden. Dadurch verliert diese Aussage ihre universelle Gültigkeit und muss korrigiert werden. Wir könnten sie verfeinern zu: „Menschen gegen ihren Willen zu töten, ist falsch." Aber auch hier kann es erneute Einwände geben: Im Krieg oder bei Vollzug der Todesstrafe werden Menschen gegen ihren Willen getötet. Nun könnte man die Aussage erneut abändern in: „Menschen gegen ihren Willen in Friedenszeiten zu töten, ist falsch." Mithilfe dieses Vorgangs von Prüfung und wiederholter Annäherung hofft die Philosophie, zu Regeln und Überzeugungen zu gelangen, durch die wir lebenswerte Gesellschaftsformen erschaffen und einen verantwortungsvollen Umgang mit der Natur pflegen können. Auf diesem Wege gelingt es ihr vielleicht, einige Wahrheiten zu entdecken – wer weiß?

TEIL 1:

DENKEN

Kapitel 1

Woher wissen Sie, wie man denkt?

Wie geht philosophisches Denken?

„Philosophie ist eine Disziplin. Sie müssen Ihr Denken disziplinieren. Es geht nicht darum, sich irgendetwas zusammenzudenken. Das Denken zu disziplinieren ist ein schwieriges Ziel.“

Tim Crane, Knightbridge-Professor für Philosophie, Universität von Cambridge

Alles hinterfragen

Diszipliniertes Denken betrachtet nichts als selbstverständlich. Auf den vorangegangenen Seiten haben wir gesehen, dass eine scheinbar einfache Frage – welcher von zwei Bergen ist höher? – klarer definiert werden muss, bevor sie beantwortet werden kann. In der Philosophie müssen alle Fragen und Begriffe untersucht und definiert werden, bevor man beginnt, Antworten vorzuschlagen.

Ein Fraktal ist ein Muster, das zunehmend komplexer wird. Je näher man es betrachtet, umso kleiner werden die Fragmente, in die es unterteilt werden kann. In der Mathematik ist die von einem Fraktal eingeschlossene Fläche begrenzt und endlich, doch sie hat einen Rand von unendlicher Länge. Man kann die Philosophie wie ein Fraktal betrachten – jede Frage führt zu weiteren Fragen.

Die Werkzeuge, die wir in der Philosophie verwenden, sind Logik und Argument. Die dabei entstehenden Beweise können nur mittels der Sprache dargestellt werden, weshalb diese auch der genauen Prüfung unterliegt. Ein großer Teil der philosophischen Arbeiten des 20. Jahrhunderts beschäftigt sich mit den Grundlagen und der Verlässlichkeit von Sprache.

Wenn man sich erstmals der Philosophie zuwendet, kann es so aussehen, als würde sich alles fortlaufend verändern und aus einer Frage eine Vielzahl von neuen Fragen entstehen. Man kann dies sowohl als belebend wie auch beängstigend oder sogar beides empfinden. Wenn Sie nach Sicherheit streben, ist Philosophie bestimmt nichts für Sie. Doch wenn Sie geistige Beweglichkeit mögen und sich nicht daran stören, wenn das Fundament, auf das sie Ihr Leben aufgebaut haben, plötzlich unter Ihren Füßen weggezogen wird, ist die Philosophie genau das Richtige für Sie.

Die Demontage der Gewissheit

Sokrates hat oft gesagt, dass er sich nur hinsichtlich seiner Unwissenheit sicher sei und dass er anderen Menschen an Weisheit nur darin überlegen sei, dass er seine Unwissenheit erkannte. Sokrates hatte die Angewohnheit, die Menschen herauszufordern, die sich für ausreichend wissend hielten, um allgemeine Begriffe wie „Mut" oder „Gerechtigkeit" zu definieren. Er lieferte Gegenargumente, mit denen er die Unstimmigkeit und Widersprüchlichkeit ihrer Aussagen aufdeckte – was auch immer sie vorbrachten, es gelang ihm stets, ihre Argumentation zu untergraben. Sein Ziel war aufzuzeigen, dass alles komplizierter ist, als wir anzunehmen bereit sind und dass es unklug ist, sich auf allgemeingültige Überzeugungen zurückzuziehen, ohne sie gründlich zu überprüfen. Aus diesem Grund geriet er mit der Obrigkeit in Athen in Konflikt. Seine Lehrmethode ist als sokratische Methode bekannt und wird immer noch angewendet. Sie ist eine dialektische Methode – ein Dialog als Rahmen einer Argumentation, bei der logische Antworten die Gesprächspartner zur Wahrheit führen sollen.

Thesen aufstellen

Auch wenn Sokrates die Dialektik hauptsächlich dazu verwendete, etablierte Meinungen zu untergraben, so ist sie dennoch geeignet, um Erkenntnisse zu sammeln. Sie werden aus Fragen und Antworten gewonnen, die wiederum neue Fragen zur Überprüfung aufwerfen und die Beteiligten zu einem tieferen Verständnis führen. Dialektik wird allgemein mit Georg Hegel (siehe Bild oben) in Verbindung gebracht, einem deutschen Philosophen des 18. Jahrhunderts. Sie vollzieht sich in drei Schritten:

- **These:** Sie besteht in einer Aussage, die als wahr angenommen wird, wie z. B. „Lügen ist schlecht".
- **Antithese:** Sie besteht in einer durchdachten Antwort auf diese Aussage, wodurch dieser widersprochen wird, wie z. B. „Lügen kann eine Person vor Schaden schützen und deshalb gut sein".
- **Synthese:** Sie besteht in einer neuen Aussage, die aus der Überprüfung durch die Einwände der Antithese hervorgeht, wie z. B. „Lügen ist schlecht, insofern es nicht die Person schützt, die lügt".

Bei Gerichtsverhandlungen werden sowohl Argumente zugunsten der Verteidigung wie der Anklage vorgetragen. Philosophisches Geschick und Methoden sind oftmals entscheidend dafür, ob ein Angeklagter schuldig oder frei gesprochen wird.

Dieser Vorgang kann wiederholt werden. Die Synthese wird dann zur neuen These, die untersucht und korrigiert wird. Beim Durchlaufen dieser Schritte, sowohl im Dialog mit einer weiteren Person als auch beim Nachdenken für sich selbst, können Ideen genauer untersucht und verfestigt werden.

Von vorne anfangen

Philosophen gehen meist von den Arbeiten früherer Philosophen aus und bedienen sich der Logik und der Argumente, um die Debatte voranzutreiben. Das muss aber nicht immer so sein. Die Philosophie ist eine der wenigen Disziplinen, die es erlaubt, das Kind mit dem Bade auszuschütten und nochmal ganz von vorne anzufangen. Solange das neue Modell logisch und in sich schlüssig ist, besteht die Möglichkeit, dass es ernst genommen wird. Martin Heidegger (1889–1976) und Ludwig Wittgenstein (1889–1951) kamen zu dem Schluss, dass die Philosophen zweitausend Jahre lang zu falschen Resultaten gelangt waren und dass es Zeit war, von vorne zu beginnen. Wittgenstein erklärte: „Es ist mir gleichgültig, ob das, was ich gedacht habe, vor mir schon ein anderer gedacht hat." Dadurch spart man viel Zeit, die man ansonsten mit dem Studieren vorhergehender Konzepte zubringen müsste. Außerdem gelangt so ein frischer Wind in die Philosophie, der zu völlig anderen Blickwinkeln führt.

Des Teufels Advokat

Bei philosophischen Diskussionen kann eine Person oder eine Gruppe die Rolle des „Advokaten des Teufels" übernehmen und einen gegenteiligen Standpunkt vertreten, nur zu dem Zweck, dass die Diskussion überhaupt stattfinden kann. Von 1587 bis 1983 galt dies als wichtige Aufgabe. Bei der Überprüfung von neuen Heiligsprechungen standen die Befürworter, die „Advokaten Gottes", den „Advokaten des Teufels" gegenüber, deren Aufgabe es war, die Argumentation der Gegenseite zu untergraben. Auch Sokrates spielte diese Rolle, indem er die Widersprüchlichkeit der Argumente seiner Gegner aufdeckte.

Die Rolle der Logik

Logik ist eine in hohem Maße formalisierte Art zu denken und zu argumentieren, bei der es auf eine präzise Verwendung der Sprache ankommt. Der erste Philosoph, der die Methode der Logik begründete, war Aristoteles. Er lebte von 384–322 v. Chr. in Athen. Er begann mit zwei Aussagen, die einen „Term" (Begriff) gemeinsam hatten, und folgerte unter Verwendung der nicht gemeinsamen Termen eine weitere Aussage. Das berühmteste Beispiel – auch logischer Syllogismus oder logischer Schluss genannt – lautet:

- ***Alle Menschen sind sterblich. Sokrates ist ein Mensch.***
  Daraus folgt: ***Sokrates ist sterblich.***

Der gemeinsame Term ist „Mensch". Er befindet sich in den ersten beiden Aussagen. Die formelhafte Reduktion lautet:

- ***Alle As sind B. C ist ein A.*** Daraus folgt: ***C ist B.***

Die dritte Aussage bleibt auch dann wahr, wenn wir den Inhalt verändern (die Einzelheiten über die Menschen und die Unsterblichkeit). Es zeigt, dass die Logik gültig ist: Sie besteht in einer formalen Beziehung zwischen Aussagen. Solange die ersten beiden Aussagen wahr sind, funktioniert die Folge. Diese Art von Logik kann nicht widerlegt werden. Die Schwierigkeit der Philosophie liegt in der Besetzung der Terme und dem Finden von Aussagen, die zu nützlichen und sinnvollen Schlussfolgerungen führen. Dabei muss man sehr genau und sorgfältig vorgehen.

Angenommen, wir würden sagen:

- ***Menschen zu töten, ist falsch. Durch Schwangerschaftsabbruch werden Menschen getötet.***
  Daraus folgt: ***Schwangerschaftsabbruch ist falsch.***

Dabei kommen verschiedene Zweifel auf. Erstens: Ist die Aussage „Menschen zu töten" tatsächlich eine wahre Aussage?

Es mag Umstände geben, in denen es nicht falsch ist, Menschen zu töten. Zweitens: Beinhaltet ein Schwangerschaftsabbruch wirklich das Töten von Menschen? Die Frage stellt sich durch den Zweifel, ob ein Fötus als Mensch gilt und ob man tatsächlich etwas „töten" kann, das selbstständig nicht lebensfähig ist. Auch wenn die Logik einwandfrei ist, so ist es dennoch nicht der Inhalt. Beim Philosophieren ist bei beidem Schlüssigkeit gefragt – es geht darum, das Denken zu disziplinieren.

Wo ist der Anfang?

Der französische Philosoph René Descartes (der nebenbei auch das kartesische Koordinatensystem zum Zeichnen von Diagrammen erfunden hat) sagte: „Ich denke, also bin ich." Das war sein Ausgangspunkt für die Philosophie. Er erkannte, dass er an einem Punkt anfangen musste, dessen er sich sicher war. Dieser Punkt war seine eigene Existenz, die durch seine Fähigkeit, zu denken, bewiesen war. Nach Aristoteles' System des Syllogismus hätte er sagen können:

- ***Nur was existiert, kann denken. Ich kann denken.***
  Daraus folgt: ***Ich existiere.***

Für die meisten Menschen sind die dringendsten Fragen in der Philosophie Fragen der Ethik, die sich darum drehen, was richtig und was falsch ist. Dadurch geraten wir im Alltag am häufigsten in Berührung mit philosophischen Zwickmühlen, die sich auf unser Handeln auswirken: Ob wir z. B. ein älteres Familienmitglied gegen seinen Willen im Altersheim unterbringen sollten oder wie wir mit Tieren umgehen müssen, scheinen bedeutsamere Fragen zu sein als die Frage danach, ob und warum etwas existiert.

Darin liegt oftmals der Anfang: bei der Frage, was wir tun sollen oder welchen Standpunkt wir zu einem bestimmten Thema einnehmen sollen. Doch philosophische Fragen breiten sich unaufhaltsam aus. Was zunächst geradlinig zu beginnen scheint und sich als spezielles Problem zeigt, hat häufig tiefere Wurzeln. Deshalb begann Descartes mit der Feststellung, dass er existiert. Genau deshalb ist die Philosophie so faszinierend und lohnenswert.

Kapitel 2

Wenn ein Baum im Wald umfällt, existiert er dann?

**Womit können wir beginnen?
Was ist real?**

> *„Was Sie oder ich verstehen, muss von einer Katze nicht verstanden werden. Wenn in einem Park ein Baum umfällt und niemand da ist, geschieht das in Stille und ist unsichtbar und namenlos. Und wenn wir verschwinden würden, dann wäre dort auch kein Baum. Mit uns würde alle Bedeutung verschwinden. Die Katzen würden daraus natürlich etwas anderes machen."*
>
> William Fossett,
> *Natural States*, 1754

Ist überhaupt etwas real? Was bedeutet „real" eigentlich? Existiert überhaupt etwas? Können wir uns sicher sein? Und ist „existieren" dasselbe wie „real sein"?

Was ist da draußen?

Für einen Philosophen ist nichts gewiss. Wir müssen die Dinge beweisen, die Existenz miteingeschlossen. Descartes wurde bei dem Versuch, zu ergründen, wessen er sich sicher sein kann, bekannt durch die Worte: „Ich denke, also bin ich." Er war sich seiner eigenen Existenz sicher, weil er nicht denken konnte, ohne zu existieren. Doch auch dies ist nicht wirklich sicher. Spätere Philosophen wiesen darauf hin, dass das Denken beweist,

Über den Baum

Das Baumproblem lautet: „Macht ein Baum beim Umfallen in einem Wald ein Geräusch, auch wenn niemand da ist?"

John Locke, ein Philosoph aus dem 17. Jahrhundert, hätte mit Nein geantwortet. Die meisten Wissenschaftler würden ihm beipflichten, denn „Geräusch" wird durch Hören definiert.

Wenn der Baum umfällt, entstehen dadurch Vibrationen in der Luft, die als Geräusch wahrgenommen werden, wenn jemand zugegen ist, der es hören kann. Wenn Sie Ihre Hände durch die Luft bewegen und winken, entstehen dadurch dieselben Vibrationen in der Luft, wie beim Umfallen eines Baumes oder beim Klingeln einer Glocke. Da sich die Luft beim Winken aber nur sehr langsam bewegt, ist es still. Möglicherweise kann ein anderes Lebewesen das Geräusch einer winkenden Hand hören. Die Welt wäre für so ein Geschöpf jedoch ein sehr lauter Ort.

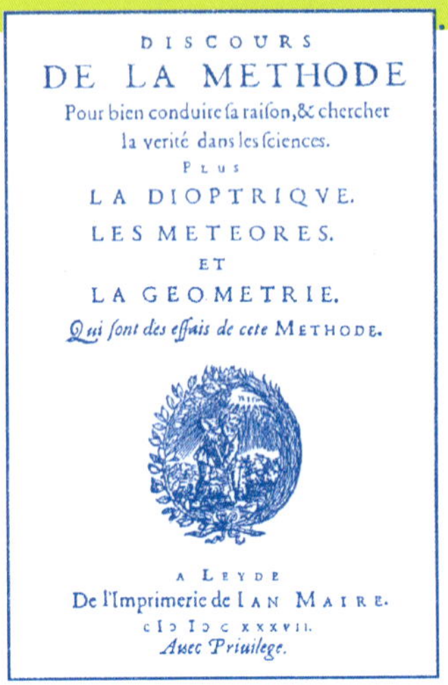
DISCOURS
DE LA METHODE
Pour bien conduire ſa raiſon, & chercher
la verité dans les ſciences.
PLUS
LA DIOPTRIQUE.
LES METEORES.
ET
LA GEOMETRIE.
Qui ſont des eſſais de cete METHODE.

A LEYDE
De l'Imprimerie de IAN MAIRE.
cIɔ Iɔ c xxxvii.
Avec Privilege.

„Wirklichkeit ist ein umstrittener Begriff, der die ‚Dinge' als unbestreitbar ‚da' beansprucht."
Uncyclopedia

dass Denken möglich ist – nicht dass Descartes existierte, um zu denken.

Auch wenn Sie sich der Existenz Ihrer selbst ganz sicher sind, wie können Sie sicher sein, dass noch andere existieren? Vielleicht haben Sie die gesamte äußere Welt mit allen Menschen und Ihren Erfahrungen in der Vergangenheit selbst geschaffen (sowie dieses Buch, das Sie dazu bringen will, darüber nachzudenken) und nichts ist wirklich real.

Wirklichkeit oder Vorstellung?

Die Philosophen, die an die von einem Betrachter unabhängige Wirklichkeit glauben, nennt man Realisten. Als Idealisten werden diejenigen bezeichnet, für die die Wirklichkeit eine dem

Das Höhlengleichnis

Stellen Sie sich eine Gruppe von Menschen vor, die in einer Höhle gefangen gehalten werden. An den Höhlenwänden können sie Schatten von Wesen und Dingen sehen, die sich außerhalb der Höhle befinden, und die sie für real halten. Sie machen sich ihr eigenes Bild von der Realität und warum die Dinge so sind, wie sie sind (beziehungsweise so zu sein scheinen). Würde eine Person aus der Höhle ausbrechen und die echte Wirklichkeit sehen, wäre er oder sie in höchstem Maße verwirrt. Auch ihr Versuch, den zurückgebliebenen Menschen in der Höhle zu erklären, dass das, was sie sehen, in Wahrheit nicht die Wirklichkeit ist, wäre mit großen Schwierigkeiten verbunden. Platon sah sich in der Rolle des in die Höhle Zurückgekehrten und versuchte der Menschheit klarzumachen, dass das, was wir sehen, nicht die absolute Wirklichkeit ist, auch wenn sie alles ist, was wir erfahren können.

menschlichen Geist entsprungene Idee ist. Realismus und Idealismus haben eine Vielzahl von Nuancen. Die elementarste Form des Realismus geht davon aus, dass alles existiert und so ist, wie es uns erscheint. Davon gehen die meisten Menschen aus: Wir gründen unseren Alltag auf die Annahme, dass „da draußen" alles real ist und genau so, wie wir es meinen. In der Philosophie wird dies als naiver Realismus bezeichnet. Aristoteles war ein Erzrealist, der sich sicher war, dass die Welt „da draußen" existierte und real war. Er glaubte auch, dass wir die Welt mit unseren Sinnen zuverlässig erfahren können. Platon, der Lehrer von Aristoteles, hatte eine etwas kompliziertere Auffassung. Er gliederte die Realität in zwei Stufen: Die höhere Stufe war das Reich der idealen „Formen" oder „Ideen". Dabei ist mit Form das Wesen oder Ideal von etwas gemeint – so existieren z.B. das perfekte Pferd, die perfekte Gerechtigkeit oder sogar der perfekte Haarschnitt als „Formen". Leider ist das Reich der idealen Formen für uns mit unseren unvollkommenen Körpern nicht zugänglich. Daher verweilen wir auf der zweiten Realitätsstufe, in der eher schäbigen materiellen Welt. Auch hier gibt es viele Formbeispiele, doch keines davon ist wirklich gut. Die Pferde sind nicht von perfekter Statur und auch nicht besonders schnell, die Gerechtigkeit stets korrumpiert und es gibt jede Menge schlechte Frisuren. Jedenfalls ist es die einzige Realität, die für uns zugänglich ist, also müssen wir damit zurechtkommen.

> ***„Die Realität der Gegenstände im Raum außer mir lässt keinen strengen Beweis zu.“***
> Immanuel Kant, 1781

Platon erzählte das Höhlengleichnis, um die Verschiedenheit zwischen der Wahrnehmung von Realität und der echten und reinen Wirklichkeit im Reich der Ideen zu erklären (siehe Kasten Seite 17 und die Abbildung oben).

Der deutsche Philosoph Immanuel Kant (1724–1804) hatte ähnliche Ansichten, indem er zwischen Objekten unterschied, die wir als Phänomene erfahren – also sichtbare, berührbare, riechbare, begreifbare Wirklichkeit – und Objekten „an sich“, die er *Noumena* nannte und die in Raum und Zeit nicht erscheinen und über die wir nichts wissen können.

Alternative (Nicht-)Realitäten

Sie sind von der Existenz der Realität nicht überzeugt? Dann schauen Sie sich die folgenden Konzepte an:

Nichts existiert ...

Der griechische Philosoph Georgias (ca. 483–375 v. Chr.) verneinte die Realität auf radikale Weise:

- **Nichts existiert.**
- **Auch wenn etwas existiert, so kann man nichts darüber wissen.**
- **Auch wenn man etwas darüber wissen kann, so kann dieses Wissen nicht an andere weitergegeben werden.**

Diese Sichtweise wird solipsistisch genannt und nimmt nur den Denker selbst als sicher an. (Existieren und real sein sind in der Philosophie nicht unbedingt dasselbe.)

- **„Das Gehirn im Fass“:** In Wirklichkeit befindet sich Ihr Gehirn nicht in einem Körper, sondern in einer Flüssigkeit in einem Fass. Ihr Gehirn wird von einem Computer mit Bildern und Eindrücken gespeist, durch die eine virtuelle Realität erzeugt wird, die Sie für die Wirklichkeit halten.
- **„Der böse Geist“:** Sie stehen unter der Kontrolle eines bösen Geistes, der Sie glauben machen will, dass die „Realität“ real ist.
- **„Alles ist ein Traum“:** Auch Träume scheinen für uns real. Wie können wir also wissen, dass unser Leben kein Traum ist? Im 4. Jahrhundert v. Chr. erwachte der chinesische Philosoph Zhuangzi aus einem Traum, in dem er ein Schmetterling war und stellte sich die Frage, wie wir wissen können, welche Identität real ist. Träumte Zhuangzi, ein Schmetterling zu sein, oder träumte ein Schmetterling, Zhuangzi zu sein?
- **Die „Matrix“ ist wahr:** Wir leben in einer Computersimulation oder in einem Teil davon, die von anderen Wesen geschaffen wurde.

„Die Hypothese, dass die Welt erst vor fünf Minuten genau so geschaffen wurde, wie sie heute ist, mit Bewohnern, die sich an eine vollständig unwirkliche Vergangenheit ‚erinnern‘, enthält keine logische Unmöglichkeit. Es gibt keine logisch notwendige Verbindung zwischen Ereignissen zu unterschiedlichen Zeiten. Nichts, was jetzt oder in der Zukunft geschieht, kann die Hypothese widerlegen, dass die Welt ihren Anfang vor gerade einmal fünf Minuten hatte.“

Bertrand Russell, 1921

Es gibt keinen Beweis dafür, dass sehr alte Dinge nicht in der unmittelbaren Vergangenheit geschaffen und mit überwältigenden Hinweisen auf ihr Alter ausgestattet wurden, um uns zu täuschen.

Es ist da, wenn wir glauben, dass es da ist

„Konsensusrealität" ist ein Begriff für Dinge oder Situationen, die für real gehalten werden, weil die meisten Menschen an ihre Existenz glauben. So ist z. B. der Glaube an die Existenz Gottes in einigen modernen und in vielen alten Kulturen eine Konsensusrealität. Würden die Menschen aufhören, an Gott zu glauben, würde sich diese Konsensusrealität verändern. Auch das geozentrische Weltbild war vor zweitausend Jahren eine Konsensusrealität, die heute als unwahr erachtet wird und der nur noch wenige Ignoranten zustimmen. Die Realität hat sich weiterentwickelt.

- **„Es ist gerade eben geschehen":** Die Welt ist gerade erst erschaffen worden – vielleicht am letzten Donnerstag. (Diese Theorie wird manchmal auch *Last Thursdayism* genannt, von *Thursday* = Donnerstag). Alles auf der Welt, die Erinnerungen miteingeschlossen, wurden geschaffen, um den Eindruck zu vermitteln, dass alles wesentlich älter ist. Dies ist eine verkürzte Variante des Kreationismus, der davon ausgeht, dass die Welt und ihre geologische Geschichte nur wenige Jahrtausende zurückgeht.

Ein Mondfahrzeug auf dem Mond macht keine Geräusche, da dort keine Luft in Schwingung versetzt werden kann. Geräusche basieren auf der Wechselwirkung von Bewegung, Luft und Beobachter.

Gott als Bezugspunkt

Der anglikanische Bischof George Berkeley (1685–1753), dem fälschlicherweise die Frage zugeschrieben wird, ob ein umfallender Baum Geräusche macht, hätte gesagt, dass es nicht nur kein Geräusch gibt, sondern auch keinen Baum. Es gibt in einem bestimmten Sinne keinen Baum. Für Berkeley, wie auch später für William Fossett, erfolgt jede Erfahrung durch die Sinne: Alles ist Wahrnehmung. Alles, was existiert, ist unsere Wahrnehmung von Dingen und Zuständen, sowohl innerlich als auch äußerlich, und nichts

existiert, was nicht wahrgenommen wird. *„Esse est percipi"*, sagte Berkeley – zu sein heißt, wahrgenommen zu werden. Berkeley glaubte jedoch nicht, dass die sinnliche Wahrnehmung aus dem Nichts entstand. Wenn wir unsere Augen öffnen, wählen wir nicht aus, was wir sehen. Die Vielfalt der Wahrnehmungen kommt von Gott. Gott sieht auch weiterhin den Baum, auch wenn gerade niemand anderes hinschaut. Der Baum steht am gleichen Platz für die nächste Person, die vorbeikommt. Es ist ein schöner Trick, der Gott und nicht zuletzt seiner Existenz sehr viel abverlangt.

„Ich bestreite keineswegs die Existenz von Dingen, die wir durch die Sinne oder durch Reflexion begreifen können. Dass die Dinge existieren, die ich mit meinen Augen sehen und mit meinen Händen fühlen kann, stelle ich nicht in Abrede. Das Einzige, dessen Existenz wir bestreiten, ist das, was die Philosophen Materie oder körperliche Substanz nennen. Die Menschheit nimmt dadurch keinen Schaden und wird sie nicht vermissen."

George Berkeley, *Eine Abhandlung über die Prinzipien der menschlichen Erkenntnis* (1710)

Wie sieht es mit den Dingen aus?

Was wir über existierende Dinge wissen, wird uns durch unseren Körper vermittelt – durch unsere Sinne und unseren Geist (siehe: *Was wissen wir?* Seite 25). Erneut sind wir bei der Wahrnehmung. Wir beschreiben die Dinge als hart oder weich, nass oder trocken, je nachdem wie wir sie erfahren.

Wenn Sie zunächst ein Stück Fell und danach ein Stück Stahl berühren, werden Sie Unterschiede zwischen diesen Materialien feststellen: Das Fell ist weich und der Stahl ist hart. Das Fell ist warm und der Stahl ist kalt. Aber inwieweit sind diese realen Unterschiede Bestandteil des Materials und inwieweit gehören sie unserer Wahrnehmung des Materials an?

Fell und Stahl haben dieselbe Temperatur, wenn sie für eine gewisse Zeit im gleichen Raum sind. Fell fühlt sich warm an, weil es Wärme dämmt. Stahl fühlt sich kalt an, weil es die Wärme leitet - es entzieht unseren Fingern die Wärme, wodurch wir es als

Der Elefant „ist" drei Meter hoch, aber laut und grau „ist" er nur in Anwesenheit eines hörenden und sehenden Beobachters – und die Schönheit liegt tatsächlich im Auge des Betrachters.

kalt empfinden. Fell fühlt sich weich an, weil es aus einer Vielzahl von feinen, einzelnen Härchen besteht, zwischen denen Luft eingelagert ist. Wir könnten auch ein Fell aus Stahl herstellen, doch wir kennen Stahl als einen festen Block und nicht als Stahl-Luft-Gemisch. Eisenspäne fühlen sich zum Beispiel weich an. Natürlich gibt es grundlegende physikalische Unterschiede, die auf die Anordnung von Atomen und Molekülen zurückzuführen sind.

John Locke unterteilte die Eigenschaften von Dingen in primär und sekundär. Primäre Eigenschaften sind nach seiner Zuordnung diejenigen, die den Dingen ursprünglich angehören – Ausdehnung im Raum, Form, ob sie sich bewegen usw. Die sekundären Eigenschaften hängen dagegen von unserer sensorischen Wahrnehmung der Dinge ab – Farbe, wie schwer sie sich anfühlen und die Geräusche, die sie machen.

Der deutsche Philosoph Martin Heidegger (1889–1976) glaubte, dass das Verständnis der Welt stets in enger Beziehung mit uns selbst steht. Er beschrieb „Dasein" als Zustand des Menschlichen.

Unsere Existenz definiert sich in Abhängigkeit von den Sinnzusammenhängen in der Welt und es ist unmöglich, unser individuelles Bewusstsein von der Umgebung zu trennen.

Ist der Mond da?

Einer zweifelhaften Anekdote zufolge fragte Einstein den Quantenphysiker Niels Bohr einmal, ob er wirklich glaube, dass der Mond nur dann da ist, wenn ihn jemand betrachtet. Bohr habe geantwortet, dass Einstein nicht beweisen könne, dass es so ist.

Quanten-Dasein

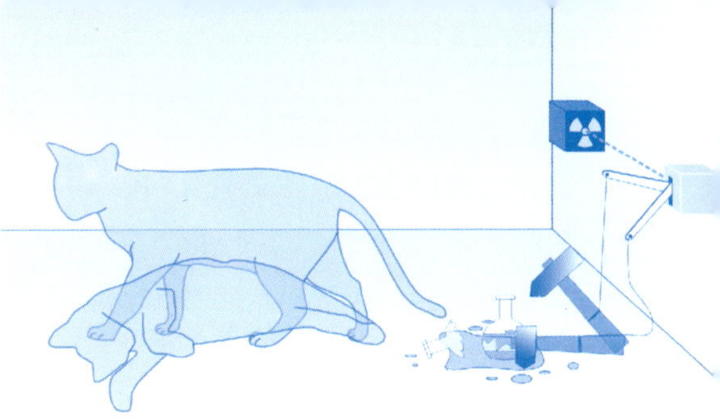

Eines der bekanntesten Beispiele (vielleicht das einzige überhaupt) der Quantenphysik ist Schrödingers arme Katze. Sie ist ein anderes Beispiel für das Baum-Wald-Problem, das zweihundert Jahre später erdacht wurde – vielleicht war sie eine von den Katzen, die den Nicht-Baum beim Nicht-Fallen beobachtet hat. Erwin Schrödinger stellte sich 1935 in einem Gedankenexperiment eine Katze in einer Kiste vor (siehe Bild oben), in der sich eine Flasche mit einer giftigen, radioaktiven Substanz sowie ein Messgerät zur Messung von radioaktiver Strahlung befinden. Wenn das Messgerät radioaktiven Zerfall misst, wird die Flasche automatisch gesteuert zerbrochen und das Gift tötet die Katze. Ist keine radioaktive Strahlung messbar, geht es der Katze gut (abgesehen davon, dass sie sich ärgert, in einer Kiste eingesperrt zu sein).

Der Zustand der Katze (tot oder lebendig) ist nicht bekannt, solange die Kiste nicht geöffnet wird. Nach der Quantentheorie ist der Zustand der Katze so lange nicht festgelegt, bis die Kiste geöffnet wird. Die Katze ist zugleich tot und lebendig, bis ihr Zustand von einem Beobachter festgelegt wird. Schrödinger erdachte dieses Experiment, um zu veranschaulichen, wie irrwitzig manche Aspekte der Quatentheorie klingen, wenn sie von atomarer Ebene in die Welt um uns übertragen werden – warum ist die Katze tot *und* lebendig bis ihr Zustand festgelegt wird und nicht tot *oder* lebendig, bis man ihren Zustand weiß? Das hängt mit dem Quantenzustand der Verstrickung subatomarer Teilchen zusammen, doch wir müssen uns an dieser Stelle nicht näher damit beschäftigen. Wie schon bei dem Problem mit dem Baum handelt es sich auch hierbei um die Frage, inwieweit die Gegenwart eines Beobachters einen Einfluss darauf hat, was wir für real halten oder ob die Realität dadurch sogar erst entsteht.

Ist nichts etwas?

„Von nichts kommt nichts", sagt König Lear zu Cordelia. Es könnte so erscheinen, als käme alles von nichts – ob wir die Anfänge des Universums nun Gott oder dem Urknall zuschreiben: Beide ließen alles aus dem Nichts entstehen.

Eine der Schlüsselfragen der Metaphysik ist, warum es eher etwas als nichts (wenn es denn tatsächlich existiert) gibt. Tatsächlich ist alles „etwas" vorwiegend nichts und „nichts" macht nur Sinn, weil es „etwas" gibt. Die Leere oder das Vakuum ist nur dadurch zu definieren, dass woanders etwas ist.

Das Nichts als Null zu betrachten entstammt der arabischen Mathematik, die im Mittelalter nach Europa gelangte. Davor war die Vorstellung des Nichts als Menge in Europa unbekannt.

Es gibt jedoch sehr viel mehr nichts, als uns zu denken lieb ist. Jedes Atom ist zu 99,999999999999% leerer Raum. Die Dinge würden demzufolge 10 hoch 14 mal weniger Raum einnehmen, wenn alles in den Atomen ohne leeren Raum dazwischen zusammengepfercht wäre. Das kann man sich kaum vorstellen: Das bedeutet, dass die Sonne mit einem Durchmesser von 1,4 Millionen Kilometer auf 1,5 Hundertstel Millimeter oder 14 Mikrometer zusammenschrumpfen würde. Das entspricht einer 1-Million-fachen Dichte eines schwarzen Lochs – mit anderen Worten: Es gibt 100 000 000 000 000-mal mehr nichts als etwas, das wir für wichtig halten. Und im Weltraum gibt es sogar noch weniger etwas (oder mehr nichts). Es ist die Existenz des Nichts – der Raum zwischen den Teilchen –, die unsere Welt möglich macht.

Warum gibt es eher etwas als nichts?

Die Existenz des Universums wird allgemein durch den Bezug auf einen „ersten Beweger" erklärt, durch den oder von dem alles aus dem Nichts erschaffen wurde. Es gibt zahlreiche übernatürliche Erklärungsmodelle – mythische und religiöse –, in denen es ein Wesen als „ersten Beweger" gibt. Die Physik erachtet den Urknall als plausibelsten Anfang des Universums und schreibt ihm die Rolle des „ersten Bewegers" zu. In beiden Fällen ist die Frage nach dem „Davor" bedeutungslos – so bedeutungslos wie die Überlegung, was nördlich des Nordpols liegt.

Kapitel 3

Was wissen wir?

Wie kann man Dinge wissen? Und worüber kann man sich sicher sein?

Wissen war zu bestimmten Zeiten der Geschichte nicht gut angesehen. Nach der jüdisch-christlichen Tradition hat der Verzehr der Frucht vom Baum der Erkenntnis zur Vertreibung aus dem Paradies geführt. In einer mittelalterlichen Legende verkauft der Wissenschaftler Faust seine Seele an den Teufel und erhält dafür Erkenntnis. Doch einmal abgesehen von einem handlichen Apfel oder einem Teufelspakt – wie gelangen die meisten von uns zu Erkenntnis?

Die unbeschriebene Tafel

Ein neugeborenes Baby kann noch nicht besonders viel, doch es erlangt innerhalb von kurzer Zeit ein umfangreiches Wissen. Aristoteles war der Erste, der annahm, dass ein Baby mit einem leeren Geist auf die Welt komme, vergleichbar mit einer unbeschriebenen Tafel, die im Laufe der Zeit durch Erfahrung mit Wissen gefüllt wird. Der persische Philosoph Ibn Sina (auch Avicenna genannt) prägte vor 1300 Jahren den Begriff *„tabula rasa“* (unbeschriebene Tafel): *„ … bei der Geburt ist der menschliche Geist wie eine* tabula rasa*, dessen Potenzial sich durch Erziehung und Bildung umsetzt.“*

> *„Wenn wir neugeborene Kinder aufmerksam prüfen, haben wir wenig Grund zu der Annahme, dass sie viele Ideen in die Welt bringen werden … aber schon bald bevölkern die Ideen allmählich ihren Geist.“*
>
> John Locke, 1689

Ein Baby muss krabbeln, laufen, sprechen und den Umgang mit anderen Menschen lernen. Die Neurologie hat die Entwicklung des Gehirns sowie das Wachstum von Neuronen und ihrer Verknüpfung erforscht und aufgezeigt, dass bestimmte Fähigkeiten erst ausgebildet werden können, wenn die physischen Voraussetzungen dafür entwickelt worden sind. Doch bedeutet das wirklich, dass ein Baby diese Fähigkeiten ausgehend von einem Stadium völliger Unwissenheit erlernt?

Platon und die wissende Seele

Platon hatte eine andere Vorstellung. Er glaubte an die Präexistenz der menschlichen Seelen, die den Babys zugewiesen werden. In ihrer nicht-verkörperten Form haben die Seelen ein angeborenes Wissen und Zugang zum Reich der Ideen. Sobald sie einen menschlichen Geist und Körper bewohnen, wird dieses reine Wissen durch die Seele verborgen. Durch das Lernen wird nach Platon dieses ursprüngliche Wissen enthüllt – es ist also angeboren. Diese Betrachtungsweise wird auch als Innatismus bezeichnet. Es ist so, als befände sich die Seele in einer Glaskabine mit beschlagenen Fenstern, die man wieder und wieder putzen muss, um das sehen zu können, was sie sehen konnte, als sie sich noch außerhalb dieser Kabine befand. Doch auch dann ist nur ein Blick durch mattes Glas möglich, durch den die wahren Dinge nicht gesehen werden können. Demzufolge trägt ein Baby einen großen Wissensschatz in seiner Seele, zu dem es jedoch nicht so ohne weiteres Zugang hat.

Platon versuchte dies an einem Beispiel zu veranschaulichen, in dem er seinen Lehrer Sokrates in einem fiktiven Gespräch das Wissen eines Sklaven „entdecken" ließ. Der Sklave schien zunächst von geometrischen Formeln keine Ahnung zu haben, doch durch gezieltes Fragen von Sokrates fand er die betreffende Formel schließlich selbst. Platon wollte damit zeigen, dass der Sklave bereits alles wusste, man musste ihm lediglich helfen, sein Wissen zu enthüllen. Der Beweis hinkt natürlich. Sokrates' Fragen führten den Sklaven mittels Schlussfolgerungen zum richtigen Ergebnis.

„Die Seele ist ein wahrhaftiger Gefangener, eingeschlossen im Körper … und anstatt die Realität selbst zu erforschen ist sie gezwungen, sie durch die Gitter ihres Gefängnisses zu erspähen."

Platon

Spätere Anhänger des Innatismus nahmen an, dass Gott die Seele mit einer Art Grundausstattung an Wissen versah. Ideen, die als angeboren angesehen wurden, beinhalteten die Existenz Gottes (René Descartes), mathematische Gegebenheiten wie z. B. 1+1=2 (Gottfried Leibniz) und ethische Wahrheiten wie z. B. die Unterscheidung von Gut und Böse (Immanuel Kant). Wenn moralisches Wissen angeboren ist, dann muss es absolut und unveränderbar sein, sodass Gut und Böse für alle Menschen an allen Orten und zu allen Zeiten gleich ist (siehe: *Dürfen wir Hexen verbrennen?* Seite 108). In manchen Fällen scheinen sich die Menschen einer angeborenen Wahrheit nicht bewusst zu sein. Die Ursache dafür liegt darin, dass sie in ihnen noch nicht erwacht ist, und nicht etwa, dass sie darüber nicht verfügen. Ein kleiner Anstoß kann genügen, um sie an die Oberfläche bringen.

Rationalisten und Empiriker

Die Überlegung, ob das Wissen mit der Seele in die Welt gelangt oder mit jedem neuen Leben neu geschaffen werden muss, entstammt zwei wesentlichen Hauptrichtungen. Wir können Wissen mithilfe des Verstandes erwerben oder mittels unserer Sinne. Diejenigen, für die das Wissen auf die Anwendung des Verstandes zurückgeht, wie Platon und Descartes, nennt man Rationalisten. Diejenigen, die unsere Sinne als einzige verlässliche Wissensquellen erachten, wie Aristoteles und Locke, nennt man Empiriker. Die Empiriker vertreten die Tabula-rasa-Theorie und gehen davon aus, dass ein Baby lernt, indem es seine Welt erfährt. Die Rationalisten gehen von einer Art angeborenem Wissen aus, das durch einen Anstoß in Gang gebracht werden kann, oder zumindest von einer angeborenen Struktur, durch die man zu Wissen gelangen kann.

Der schottische Philosoph David Hume entwickelte die empirische Sichtweise weiter und hinterfragte die Gewissheit von allem, was er nicht selbst erfahren konnte. Seine Schlussfolgerung war, die Existenz Gottes abzulehnen, ebenso das Prinzip von Ursache und Wirkung wie auch die Erkenntnis mittels des Verstandes

Wir wissen nichts

Im 3. Jahrhundert v. Chr. fand sich eine Gruppe von Philosophen zusammen, die alles hinterfragten – die Skeptiker. Alles, was wir über die physische Welt wissen, erfahren wir durch unsere unvollkommenen Sinne. Deshalb können wir uns niemals sicher sein, ob wir tatsächlich ein vollständiges Bild erblicken oder nur eine verzerrte Ansicht. Wenn wir uns inmitten von Bäumen sehen, kann es sich sowohl um einen großen Wald als auch um einen winzigen Hain handeln. Wenn wir Wasser vor uns sehen, kann es ein breiter Fluss, aber ebenso ein Ozean sein.

Die Skeptiker sahen in ihrem Ansatz die Möglichkeit, zu einem entspannteren Leben zu finden. Denn wenn wir nicht beanspruchen, die Dinge als gut oder schlecht zu beurteilen, haben wir kein Verlangen mehr danach und beklagen nicht mehr den Mangel daran oder ihren Verlust. Ein wechselhaftes Schicksal beeindruckt uns nicht mehr, mit anderen Worten: Unwissenheit bedeutet Glück.

und schließlich seine eigene Identität. Lediglich seiner Wahrnehmung konnte er sich sicher sein, wobei er sich nicht darauf verlassen konnte, dass die Wahrnehmung einen Bezug zur Realität „da draußen“ hatte. *„Ich bin nichts anderes als ein Bündel von Wahrnehmungen“*, schlussfolgerte er.

Können Sie Ihren Augen trauen?

Solange Sie nicht farbenblind sind, verlassen Sie sich vermutlich auf die Farben der Dinge. Angenommen, Sie haben einen roten Pullover. Mit der Eigenschaft „rot“ ist gemeint, dass das rote Licht reflektiert wird – elektromagnetische Wellen mit einer Wellenlänge von etwa 650 Nanometern.

Obwohl jedermann zustimmt, dass Ihr Pullover rot ist, können wir nicht mit Sicherheit sagen, ob ich dasselbe sehe wie Sie.

Rotverschiebung

Es liegt nicht immer nur an Ihrer Wahrnehmung, wenn Sie die Wirklichkeit verzerrt sehen. Die Physik übernimmt das gerne für uns. Wenn sich ein Gegenstand von einem Betrachter wegbewegt, wird die Wellenlänge des Lichts, das zum Betrachter fällt, länger und bewegt sich ans rote Ende der Skala. Ursache dafür ist der Doppler-Effekt, derselbe Effekt, durch den das Geräusch eines vorbeifahrenden Fahrzeuges höher zu werden scheint. Durch die Rotverschiebung erscheinen Sterne, die sich von der Erde wegbewegen – da sich das Weltall ausdehnt – röter als sie in Wirklichkeit sind, oder vielmehr: Sie erscheinen röter als das von ihnen ausgesandte Licht tatsächlich ist.

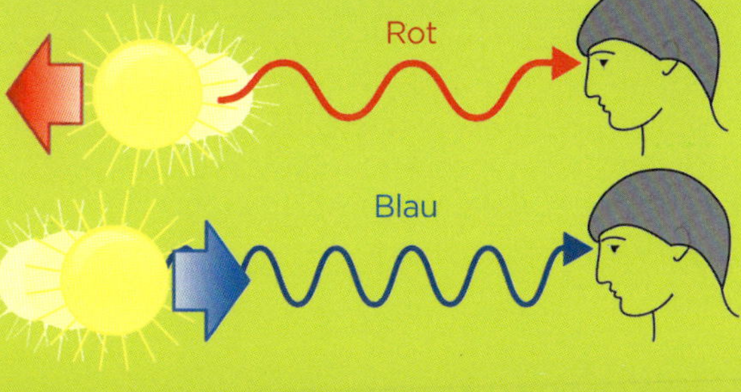

Ein in Bezug zur Erde stationärer Stern sieht für uns weiß aus. Wenn er sich von uns wegbewegt, sieht er rot aus. Bewegt er sich auf uns zu, sieht er blau aus. Die „Farbe“ des Sterns ist abhängig davon, ob wir die Wellenlänge des ausgestrahlten Lichtes berücksichtigen oder die Wellenlänge des Lichtes, das unseren Blick erreicht.

Wir können die Farbe Rot auf verschiedene Weise erfahren, doch wir können nicht sicher sein.

Immanuel Kant vertrat die Ansicht, dass wir die Welt nur mithilfe unserer sinnlichen Wahrnehmung erfahren können und dass wir dabei nicht wissen können, inwieweit unsere Eindrücke der Wirklichkeit entsprechen. Er betonte, dass wir unser ganzes Leben damit zubringen, durch eine Zerrlinse zu schauen, jedoch nicht wüssten, dass wir nicht die Realität erblickten. Interessanterweise dreht das Gehirn auf dem Kopf stehende Bilder schon nach wenigen Tagen wieder in die richtige Position. Das ergaben Versuche mit Brillen, die das Bild vor dem Auge drehen.

Wir sehen also, was wir sehen wollen – und können nicht wissen, in welcher Weise es mit der Realität in Bezug steht – oder ob dieser Satz überhaupt eine Bedeutung hat.

Glauben und Vertrauen

Eine andere Erkenntnisquelle ist die göttliche Inspiration oder die Gabe des Verstehens durch den Glauben. Der heilige Augustinus glaubte, dass er nur durch die Gnade Gottes zu umfassendem Verständnis gelangen könne. Damit befand er sich in Übereinstimmung mit der Bibel: *„Wenn ihr nicht glaubt, werdet ihr nicht erkennen.“* (Jesaja 7:9) Natürlich kann die Art der Erkenntnis, die dem Glauben entspringt, nicht überprüft werden. Ihre Glaubwürdigkeit wird von Menschen, die dieses Denken nicht teilen, in Zweifel gezogen.

Nativismus: fest verbunden mit Erkenntnis

Immanuel Kant war der Ansicht, dass Babys eine angeborene Erkenntnis haben. Seine Erklärung basiert auf einem komplizierten System von „Kategorien“, in die alle Dinge unterteilt werden. Diese aktuellere Form des Nativismus ist konkreter und leichter nachzuvollziehen.

Moderne Philosophen wie z. B. Noam Chomsky und Jerry Fodor, die eine Verbindung zur Psychologie haben, vertreten die Auffassung, dass das Gehirn in seiner Struktur in einer Weise angelegt ist, um Wissen auf bestimmte Art zu ordnen. Ein Baby weiß zwar noch nichts, aber es weiß, *wie* man etwas in Erfahrung bringt – vergleichbar mit einer formatierten Festplatte. Es verfügt über die vollständige Struktur, um Informationen aufzunehmen, und muss diese nur mit Input anfüllen.

Chomsky weist auf strukturelle Gemeinsamkeiten der Sprachen, um seine These zu untermauern, dass das Gehirn für den Spracherwerb bereits vorbereitet ist. Doch es gibt ja noch weitere Wissensbereiche, die schon früh in Angriff genommen werden. Kinder, die von Anfang an von menschlicher Gesellschaft ausgeschlossen waren, lernen oftmals nicht zu sprechen, aufrecht zu gehen oder gekochte Speisen zu sich zu nehmen sowie Kleidung zu tragen. Chomsky meint, dass es sich mit moralischen Vorgaben ebenso verhält, was wiederum durch die Tatsache gestützt wird, dass sich die Moralvorstellungen in den unterschiedlichen Kulturen sehr ähnlich sind (was allerdings auch dadurch erklärt werden kann, dass diese Werte das Leben in der Gemeinschaft wesentlich leichter machen.)

Chomsky vermutet, dass die Struktur des Geistes unsere Erkenntnisfähigkeit einschränkt. Für einige Fragestellungen ist unser Gehirn vielleicht nicht angelegt – wie auch unsere Augen im Infrarotbereich nicht sehen und unsere Ohren im Niederfrequenzbereich nicht hören können. Er meint, dies gelte ebenso für einige philosophische Fragestellungen.

Natur und Erziehung

Die Diskussion über Tabula rasa und das angeborene Wissen ist ein zentraler Bestandteil der Debatte darüber, ob wir hauptsächlich durch die Natur (angeborene oder vererbte Eigenschaften) oder durch die Erziehung (Umgebung und Aufzucht) geprägt werden. Sie erstreckt sich in alle Bereiche des gemeinschaftlichen Miteinanders. Ist Homosexualität angeboren oder wird man erst im Laufe des Lebens homosexuell? Werden manche Menschen bereits mit einem gewissen kriminellen Potenzial geboren oder ist die Ursache dafür im Elternhaus, in der Schule oder im sozialen Umfeld zu suchen?

Die Tabula-rasa-Theorie sieht den Grund dafür in der Erziehung. Den Nativisten zufolge sind solche Eigenschaften größtenteils bereits schon vor unserer Geburt festgelegt. Ein zu starker Glaube an die Bedeutung angeborener Eigenschaften kann zu bedenklichen politischen Maßnahmen führen, wie der Eugenik – der Versuch, den Anteil erwünschter Erbanlagen durch Einschränkungen bei der Fortpflanzung zu vergrößern.

Kapitel 4

Wann ist ein Keks kein Keks?

Und warum sollten Sie sich darüber Gedanken machen?

Wie ordnen wir die Welt ein und woher können wir wissen, dass unser Ergebnis mit der Realität übereinstimmt?

Jaffa Cakes bestehen aus einem lockeren Teig, sind in der Mitte mit einem Kleks Orangengelee gefüllt und auf der Oberseite mit Schokolade bedeckt. Sind sie deshalb als Kuchen oder als Kekse zu bezeichnen? Über diese Frage musste sich der Hersteller von Jaffa Cakes 1991 mit der englischen Zollverwaltung einigen (siehe Kasten). Denn nach deren Dafürhalten unterlagen die schokoladenüberzogenen Kekse einer höheren Berechnung der Umsatzsteuer – welche jedoch nicht für Kuchen galt, egal ob sie Schokolade enthielten oder nicht.

Wie wir die Dinge einordnen

Die Menschen haben den starken Drang, Dinge in Kategorien zu unterteilen. Wir klassifizieren alles – sogar Kekse und Kuchen. Aber entsprechen unsere Kategorien der Realität oder schaffen wir vielmehr künstliche Kategorien?

Bereits Aristoteles versuchte vor mehr als 2300 Jahren formale Kategorien zu finden. Er meinte, seine Kategorien auf echte Unterscheidungsmerkmale zu gründen, wodurch er sich als Realist erwies. (Wer seine Kategorisierung auf Klassifizierung aufbaut, gilt hingegen als Konzeptualist.) Aristoteles nannte zehn Kategorien, mit denen man die Dinge unterscheiden konnte (möglicherweise auch die Begriffe – ob er damit Begriffe meinte oder die Dinge, auf die sich die Begriffe beziehen, ist

Der Fall „Jaffa Cakes"

Der Hersteller von Jaffa Cakes zog 1991 wegen einer höheren Umsatzsteuerberechnung vor Gericht. Um zu einer Entscheidung zu gelangen, berücksichtigte das Gericht die folgenden Punkte:

- **Der Name beinhaltet das Wort *„cake"* (engl. für Kuchen), was in diesem Fall jedoch unwesentlich war.**
- **Jaffa Cakes werden genau wie Kuchen aus Eiern, Mehl und Zucker hergestellt und bekommen beim Backen auch eine lockere Konsistenz. Der Teig ist dünnflüssig wie Kuchenteig und nicht fest wie Keksteig.**
- **Kuchen haben eine weiche und biegsame Beschaffenheit, Kekse zerbrechen leicht. Ein Jaffa Cake bricht nicht und hat die Beschaffenheit eines Biskuitkuchens.**
- **Wenn ein Jaffa Cake längere Zeit an der Luft liegt, trocknet er aus wie ein Kuchen. Wenn ein Keks längere Zeit an der Luft liegt, wird er weich.**
- **Jaffa Cakes sind so klein wie Kekse – also eigentlich zu klein für eine Klassifizierung als Kuchen.**
- **Jaffa Cakes werden zum Verkauf wie Kekse verpackt, nicht wie Kuchen.**
- **Jaffa Cakes werden im Keksregal zum Verkauf angeboten, nicht bei den Kuchen.**
- **Jaffa Cakes werden wie ein Snack mit den Fingern gegessen. Kuchen werden meistens mit einer Gabel verzehrt.**
- **Der wesentliche Bestandteil von Jaffa Cakes ist Biskuitteig.**

Mit solcherlei Überlegungen werden Steuergelder verschwendet… Es ist übrigens ein Kuchen. Das Gericht entschied, dass Jaffa Cakes genügend Eigenschaften haben, die sie als Kuchen kennzeichnen. Infolgedessen unterliegen sie nicht einer höheren Umsatzbesteuerung.

unklar). Diese zehn Kategorien sind: **(1) Substanz** (z. B. Mensch oder Pferd) **(2) Quantität (3) Qualität** (z. B. weiß) **(4) Relation** (z. B. halb, doppelt) **(5) Ort (6) Zeit (7) Lage** (z. B. sitzend) **(8) Zustand** (z. B. hat einen Hut auf) **(9) Tun (10) Erleiden** (z. B. gemieden werden). Der wesentliche Unterschied besteht darin, dass ein Ding nicht zugleich einer anderen Kategorie angehören kann – z. B. kann eine Quantität nicht zugleich eine Substanz oder ein Ort sein.

Aristoteles kannte keine „Spitzenkategorie", die alles beinhaltet, da es beim Kategorisieren ja darauf ankommt, Unterscheidungen zu finden. Wenn alles in einer Spitzenkategorie untergebracht werden kann, bleibt nichts mehr übrig. Die Kategorien beinhalten jedoch vielfache Unterteilungen: Die Kategorie „Hund" enthält beispielsweise die Unterkategorie „Dalmatiner" und die Überkategorie „Säugetiere". Beim Kategorisieren werden die Dinge genau untersucht und ihre Gemeinsamkeiten und Unterschiede betrachtet.

Die Gruppierung in Gattungen – also Lebewesen, die sich untereinander fortpflanzen – ist vernünftig, da den Tieren dieses Unterscheidungskriterium angeboren ist und man keine weiteren wissenschaftlichen Erkenntnisse dafür braucht.

Bestimmtheit – was notwendig und ausreichend ist

Zum Kategorisieren und zur Definition, egal ob auf traditionelle oder klassische Weise, müssen wir Eigenschaften finden, die notwendig und ausreichend sind, um die Dinge einer Gruppierung zuordnen zu können und nicht etwa einer anderen. Die klassische Kategorisierung verfügt über ausreichend viele Kategorien, sodass alles eingeordnet werden kann. Und die Kategorien müssen sich gegenseitig ausschließen – ein Vogel kann kein Fisch sein, ein Motorrad kein Auto.

Tier oder Pflanze?

Der erste groß angelegte systematische Versuch, die Lebewesen zu kategorisieren, geht auf den schwedischen Naturforscher Carl von Linné aus dem 18. Jahrhundert zurück. Er orientierte sich an sichtbaren Merkmalen, um die Organismen miteinander in Beziehung zu setzen. So gelangte er zu der bekannten Untergliederung der Lebewesen in Art, Gattung und Familie. Seine Schrift *Systema Naturae* wurde erstmals um 1735 veröffentlicht und beinhaltete nur zwölf Seiten. Die zwölfte Auflage von 1768 – die letzte, die von Linné selbst durchgesehen wurde – umfasste bereits 2400 Seiten.

Heutige Phylogenetiker (sie erforschen die Abstammung von Lebewesen) verfolgen einen anderen Ansatz: Sie gehen von der DNA der Organismen aus, um sie auf der Grundlage von gemeinsamen oder unterschiedlichen Merkmalen des letzten bekannten Vertreters in ihrer Evolutionslinie in Gruppen zu unterteilen. Ziel ist es, herauszufinden, wie sich die Lebewesen im Laufe der Evolution aus anderen Lebewesen entwickelt haben – die Ermittlung eines riesigen Stammbaums der gesamten Natur. Allerdings bestehen oft mehrere Gruppierungsmöglichkeiten, je nachdem welche Merkmale höher gewertet werden.

Flauschige Tiger

Die amerikanischen Philosophen Saul Kripke und Hilary Putnam haben versucht, Kategorien auf der Grundlage von angeborenen Merkmalen zu definieren – ähnlich Lockes primären Merkmalen (siehe Seite 22). Wenn wir einen Tiger bestimmen sollen, würden wir sagen, dass er vier Beine hat und gestreift ist. Auch wenn dies übliche Eigenschaften eines Tigers sind, so sind es kein notwendigen Merkmale, da ein Tiger auch ein Albino sein oder ein Bein verloren haben kann. Um einen Tiger sicherer zu bestimmen, muss er eine Tiger-DNA haben. Was keine Tiger-DNA hat, ist auch kein Tiger, weshalb eine Tiger-DNA ein notwendiges Merkmal ist. Eine Tiger-DNA ist jedoch nicht ausreichend, um einen Tiger zu erkennen, weil ein verlorenes Bein oder etwas von dem gestreiften Fell (oder Albino) zwar eine Tiger-DNA hat, jedoch noch nicht als Tiger bezeichnet werden kann.

Vielleicht können wir einen Tiger als vollständigen Organismus mit Tiger-DNA bezeichnen. Das klingt schon besser. Doch je mehr wir wissen, desto schwieriger wird es. Wie verhält es sich mit einem trächtigen Tiger, der bald seine Jungen bekommen wird? Es ist ein selbstständiger Körper, doch es handelt sich um eventuell drei oder vier Tiger. Im menschlichen Körper befinden sich mehr mikroorganische als menschliche Zellen – für Tiger gilt vermutlich dasselbe. So besteht ein Tiger also zum größten Teil aus Nicht-Tiger als aus Tiger – und trotzdem bezeichnen wir Tiger nicht als Kolonie von Mikroorganismen, die sich in einer Struktur mit Tiger-DNA befindet. Unsere Wahrnehmung ist immer selektiv, wenn wir Dinge klassifizieren.

Ungewiss

Die Grenzen zwischen den einzelnen Kategorien sind selten eindeutig. Für den englischen Mönch Wilhelm von Ockham (1288–1347) waren alle Kategorien lediglich Hilfsstrukturen, die wir über die Realität verhängen, um leichter über die Welt nachdenken zu können. Der österreichische Philosoph und Physiker Ernst Mach (1838–1916) hielt auch die Naturgesetze oder die physikalischen Gesetze für Produkte unseres Geistes, der danach strebt, seine Umgebung zu ordnen. Gesetze sind nichts Reales – sie sind einfach nur die beste Erklärung, die wir für besondere Umstände haben.

Zwischen Blumen und Unkraut gibt es keinen biologischen Unterschied, nur die Menschen geben dem eine Wertung. Doch ist ein Gänseblümchen auf dem Rasen eine Blume oder ein Unkraut? Vielleicht wächst sie einfach am falschen Platz?

Wer wählt aus?

Die Phylogenetik ist eine Möglichkeit der Kategorisierung von Lebewesen, die für die Biologen sehr hilfreich ist. Aber wäre es nicht sinnvoller, die Lebewesen nach Farbe, Größe oder Bösartigkeit einzuteilen? Ein Wissenschaftler würde sagen, dass die Verwandtschaft zwischen den Lebewesen bedeutsam ist - eine Tierart ist im Lauf der Evolution aus einer anderen hervorgegangen

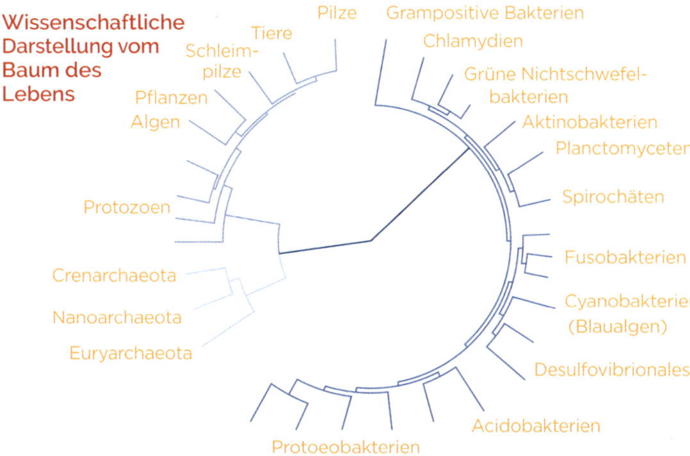

und wir müssen lediglich die richtigen Beziehungen aufdecken. Ein Künstler mag vielleicht auf die Idee kommen, eine Schildkröte aufgrund eines gemeinsamen Musters zusammen mit Katzen einzuteilen. Vielleicht haben beide dieses Muster aus denselben Gründen (beispielsweise zur Tarnung) entwickelt oder vielleicht hat auch die Schönheit eine besondere Bedeutung. Derzeit räumen wir jedoch der Wissenschaft einen größeren Stellenwert ein, was allerdings nicht bedeutet, dass sie eine objektiv gesehen „bessere" oder „wahrere" Kategorisierungsmethode anbietet.

Der Bergwal

Kategorien sollen uns weiterhelfen – was aber, wenn unsere Einteilung zu unerwünschten Resultaten führt? Dann müssen wir sie ändern. Als der Buddhismus vor etwa 1500 Jahren in Japan seinen Einzug hielt, kam es zum Verbot, vierbeinige Tiere zu verzehren. Die Japaner, die bestimmte Vierbeiner sehr gerne aßen, umgingen das Problem, indem sie diese neu einteilten: Das Wildschwein wurde zu *yama kujira*, „Bergwal", und der Hase wurde zu einer Art Vogel. Wildschweinfleisch galt im Geschmack als dem Walfleisch ähnlich und die Ohren des Hasen konnte man als Flügel sehen – mit viel gutem Willen natürlich. Durch die Änderung der Kategorie und des Namens wurde das Gewissen der Mönche etwas beruhigt.

Kapitel 5

Tee oder Kaffee?

(Und was das bedeutet)

Wählen Sie selbst, wer Sie sind, oder ist alles in Ihrem Leben vorherbestimmt?

Sind Sie der Meinung, dass Sie frei sind in Ihren Entscheidungen – so wie Sie zu Ihrem Jaffa Cake einen Kaffee oder einen Tee wählen können –, oder ist alles vorherbestimmt? Oder sind Sie nur ein bisschen frei ...?

Freier Wille und Determinismus

Die Auffassung, dass alles vorherbestimmt ist, wird Determinismus genannt. Er kann einer religiösen oder spirituellen Haltung entspringen oder auch wissenschaftlich begründet sein. Das Gegenteil davon ist der freie Wille, d. h., dass wir in unserem Handeln völlig frei sind. Da wir nicht wissen, was geschehen wird – selbst falls es vorherbestimmt ist –, fühlen und handeln wir so, als hätten wir einen freien Willen. Tatsächlich ist die Illusion des freien Willens von wesentlicher Bedeutung. Ohne diese Illusion würde uns die Erkenntnis, dass unsere Handlungen keine Bedeutung für die Zukunft haben, lähmen und wir würden all unser Tun als sinnlos erachten.

Im alten Griechenland und im alten Rom wandten sich die Menschen an Orakel, um die Zukunft zu erfahren oder sich in ihrem Handeln leiten zu lassen. Das lässt darauf schließen, dass sie die Zukunft zwar als vorgegeben, aber nicht als unabänderlich betrachteten, da man annahm, auf bestimmte Ereignisse in gewissem Maß noch einen Einfluss zu haben. Wären sie nicht dieser Ansicht gewesen, würden die kostspieligen Opferhandlungen und die Suche nach Rat und Hilfe keinen Sinn ergeben. Eine moderne Parallele sind Menschen mit einer genetischen Disposition zu Herzkrankheiten, die sich einen gesunden Lebensstil angewöhnen, um das Risiko zu verringern.

> ***„Die Erfahrung zeigt uns, dass die Menschen sich deshalb als frei erachten, weil sie sich über ihre Handlungen bewusst, über die Ursachen dieser Handlungen jedoch nicht bewusst sind."***
> Baruch Spinoza (1632–1677)

Andererseits geht aus Geschichten wie der von König Ödipus – der dem Mord an seinem Vater und der Ehe mit seiner Mutter nicht entgehen konnte – hervor, dass der Mensch wie ein Wurm seinem Schicksal entgegenkriecht, gänzlich machtlos, um etwas daran zu ändern. Was nützt es uns, unser Schicksal zu kennen, wenn wir es nicht verhindern können? Ödipus ist zugleich eine tragische und heldenhafte Figur, weil er kämpft. Wir haben Mitgefühl für seine furchtbare Lage und bewundern seine Anstrengung, seinem Schicksal zu entgegen. Seine Reaktion gegenüber allen Widrigkeiten offenbart seine geistige Größe. Was geschieht, mag vielleicht nicht vermeidbar sein, doch verliert Ödipus nie die Macht über sich selbst, was daraus ersichtlich ist, wie er auf die Ereignisse reagiert.

Sie wissen nicht, was in einem Päckchen ist, solange Sie es nicht öffnen – durch das Öffnen verändert sich der Inhalt nicht, sondern bleibt derselbe. Verhält es sich so auch mit der Zukunft?

Oder verliert er doch die Macht über sich selbst? Vielleicht ist ja alles vorherbestimmt, auch sein vergeblicher Widerstand. Oder gibt es hier eine Art Kompromiss? Wir befinden uns wie Züge auf den Schienen. Ein Zug kann seine Schienen nicht verlassen, aber er kann schnell oder langsam fahren und Güter oder Personen transportieren.

Gesehen oder vorhergesehen?

Theistische Religionen wie das Christentum stellen einen allwissenden Gott in ihre Mitte. Wenn dieser Gott weiß, was geschehen wird, und all unser Tun schon im Voraus festgelegt ist, sind wir dann noch frei in unserem Handeln? Wenn Gott weiß, dass Sie einen Jaffa Cake essen werden, können Sie dann noch verhindern, es zu tun? Die einfache Antwort lautet: Ja! Gott weiß es, aber er ordnet es nicht an. Wenn Sie Ihre Meinung ändern und den Jaffa Cake nicht essen würden, würde Gott auch dies sehen. Dem Philosophen Boethius (ca. 480–524) ist es gelungen, den Unterschied zwischen Vorherbestimmung und Vorhersehen zu verdeutlichen. Weil Gott außerhalb der Zeit existiert, kann er alles in ewiger Gegenwart erblicken. Sein Sehen verursacht keine Ereignisse, wie auch das Aufgehen der Sonne keine Ereignisse verursacht. Gott kann also sehen, ob die Ereignisse unvermeidlich oder durch die freie Entscheidung geschehen. Die Sonne geht unvermeidlich auf. Sie muss aufgehen, weil sie damit den Naturgesetzen folgt. Der freie Wille spielt hierbei keine Rolle. Doch ein umhergehender Mensch hat sich dafür entschieden umherzugehen und Sie können ihn nur deshalb umhergehen sehen, weil er sich durch seinen freien Willen dazu entschieden hat. Manche Götter können mehr als nur vorherzusehen. Die Muslime glauben, dass alles durch den Willen Allahs geschieht. Das bedeutet, dass man sich keine besondere Mühe geben muss, denn wenn Allah einen weiteren Lebenstag für Sie beschlossen hat, wird es auch so sein. Und wenn Ihre Zeit abgelaufen ist, nützt auch der beste Sicherheitsgurt nichts. In diesem Fall ist Ihr Schicksal vorherbestimmt.

Ist Sündigen freiwillig?

Für Religionen, in denen Menschen gerettet oder verdammt werden können, ist die Frage nach dem freien Willen entscheidend. Wenn das Schicksal vorherbestimmt ist, lohnt es sich dann, den Regeln zu folgen? Es macht schließlich keinen Unterschied.

Diese Position vertritt z. B. der Calvinismus, eine Verzweigung des Christentums, die auf den Lehren des Johannes Calvin (1509–1564) fußt. Er konstatiert in der Lehre der Gnadenwahl, dass es vorherbestimmt ist, ob ein Mensch errettet wird oder nicht. Jeder Mensch wird in Sünde geboren und kann nur durch die Gnade Gottes errettet werden. Gott hat seine Wahl schon von Ewigkeit an getroffen und wir können nichts tun, um unser Schicksal zu ändern. Einer der Auserwählten zu sein, hängt nicht von den Gedanken oder Taten des Einzelnen ab, sondern lediglich von Kriterien, die allein Gott selbst bekannt sind. Es ist nicht klar, ob Gott seine Auswahl auf der Grundlage des Vorhersehens des freien Verhaltens der Menschen trifft. Im Islam treffen wir auf dieselbe Problemstellung: Nur wer sich Allah zuwendet, wird geführt werden, doch allein Allah wählt, wem er sich zuwendet: *„Wen Allah führen und leiten will, dem wendet er sich zu, und wen er abweist, von dem wendet er sich ab."* (Koran, 6:125)

Es scheint so, als träfe allein Gott eine Wahl, die für alle Ewigkeit gültig ist, ganz unabhängig von unserer Zügellosigkeit. Doch die Calvinisten halten stets Ausschau nach Zeichen dafür, dass

sie unter den Erwählten sind. Der Auserwählte wird sich Gott zuwenden und der „Heilige Geist wird den erwählten Sünder voller Güte zum Glauben und zur Reue bewegen, um frei und willig zu Christus zu kommen." Neigungen zu Trunksucht, Spielsucht und Zügellosigkeit sind dagegen Anzeichen für das Nicht-Erwähltsein, wodurch die Gläubigen natürlich gemaßregelt werden. Es ist eigentlich eine seltsame Konstellation: Die Calvinisten befolgen Regeln, um zu zeigen, dass etwas schon geschehen ist (dass Gott sie auserwählt hat).

Die Physik und der freie Wille

Die moderne Physik ist der Ansicht, dass alles im Universum physikalischen Gesetzen unterliegt, die sich im Laufe der Zeit (vermutlich) nicht verändern. Das bedeutet, dass jede Aktion oder Reaktion bis in den subatomaren Bereich hinein vorhersehbar und unvermeidlich ist. Tatsächlich können wir nicht oft Vorhersagen treffen, weil unser Wissen lückenhaft und unsere Berechnungen unzureichend sind, doch die physikalische Unvermeidbarkeit ist gegeben. Wenn man in der Zeit zurückgeht, war auch der Urknall unvermeidbar. Wenn die letzten 13,8 Milliarden Jahre nochmal abliefen, so würde sich alles wieder genauso ereignen.

> ***„Alle physikalischen Ereignisse sind durch die Summe aller vorhergehenden Ereignisse bestimmt."***
> Daniel Dennett, 1984

In einem physikalistischen Universum sind wir lediglich Materie wie alles andere auch, und unsere Gedanken und Absichten sind nichts anderes als das Ergebnis chemischer Prozesse im Gehirn. All unser Denken, Tun und Wollen folgt physikalischen Gesetzen und ist unvermeidlich. Der physikalische Determinismus beraubt die Menschheit jeglichen freien Willens. Nut mithilfe eines nicht-physikalischen lebendigen Geistes, der nicht wissenschaftlichen Gesetzen unterworfen ist, können wir unseren freien Willen zurückgewinnen (siehe *Gibt es einen Geist in der Maschine?* Seite 48).

Freiheit und Chaos

Die Chaostheorie untersucht die Dynamik von sehr empfindlichen Systemen, in denen anfängliche kleine Veränderungen spätere tiefgreifende Auswirkungen haben können. Auch wenn das Resultat physikalischen Gesetzen unterliegt und somit theoretisch vorhersehbar ist, sind die Rahmenbedingungen und Berechnungen zu komplex, um tatsächlich Vorhersagen treffen zu können. Das Wetter ist ein anschauliches Beispiel für ein chaotisches System: Es müssen so viele Variablen berücksichtigt werden, dass eine genaue Vorhersage praktisch unmöglich ist, obwohl sie theoretisch möglich wäre. Dieses Phänomen wird gerne mit der Vorstellung veranschaulicht, dass der Flügelschlag eines Schmetterlings einen Sturm in mehreren tausend Kilometern Entfernung verursachen könnte.

Zur Erklärung der Chaostheorie wird gerne die Vorstellung des flügelschlagenden Schmetterlings herangezogen, der dadurch das Wetter beeinflusst. So soll veranschaulicht werden, dass alles Teil eines unglaublich komplizierten Systems ist.

Weil die Chaostheorie von der Veränderung einer Anfangssituation ausgeht, nimmt sie für jeden Aspekt mehr als einen möglichen Zustand an. Der Schmetterling kann mit den Flügeln schlagen, er kann es aber auch nicht tun. Die Auffassung, dass es eine Wahlmöglichkeit gibt, führt zu der Vermutung, dass nichts bereits im Voraus festgelegt sein kann. Weil andererseits alle Ereignisse in der Zukunft jeweils auf kleinen Entscheidungen beruhen, bewegt sich der freie Wille auf rutschigem Terrain. Ein Ausweg ist die Annahme mehrerer Universen – oder vielmehr verschiedener Versionen des Universums für alle möglichen Entscheidungen oder

Wo wären wir heute, wenn die Dinosaurier nicht ausgestorben wären? In einem der unendlich vielen Alternativ-Universen?

Der sehr wichtige Schmetterling

In Ray Bradburys Kurzgeschichte „Ferner Donner" von 1952 tötet ein Zeitreisender bei seinem Besuch in der Dinosaurierzeit versehentlich einen Schmetterling. Bei der Rückkehr in seine Zeit stellt er fest, dass sich die englische Rechtschreibung verändert und eine kürzlich erst stattgefundene Wahl zum entgegengesetzten Ergebnis geführt hatte. Die Tötung des Schmetterlings hatte den Verlauf der Geschichte unvorhersehbar verändert.

Ereignisse, aus denen an unzähligen Punkten wieder neue entsprießen: je nachdem, ob Sie sich für Tee oder Kaffee entscheiden, länger im Bett liegenbleiben oder eher das eine als das andere Geschenk auswählen.

Was macht Ihr Gehirn?

Ein neurologisches Experiment aus dem Jahr 2008, das im Max-Planck-Institut in Deutschland durchgeführt worden war, erbrachte neue erstaunliche Erkenntnisse hinsichtlich der Frage des freien Willens. Man untersuchte die Gehirne von mehreren Versuchspersonen mittels MRT (Magnetresonanztomographie), während diese sich entscheiden mussten, ob sie einen Knopf mit der rechten oder linken Hand drücken wollten. Dabei zeigte sich, dass die Entscheidung schon sieben Sekunden vor dem Moment erfolgte, bevor der Proband meinte, eine Entscheidung getroffen zu haben. Dadurch gelangte man zu dem Schluss, dass unser Gefühl für das Wählen ein Nebeneffekt unterbewusster Vorgänge ist. Mit anderen Worten: Wir haben keinen freien Willen, doch unser Gehirn spielt uns vor, dass wir einen hätten. Wie Spinoza vor 350 Jahren sagte: „Die Menschen glauben frei zu sein, weil sie sich nur ihrer Handlungen bewusst sind, nicht jedoch der Gründe, durch die sie ausgelöst werden."

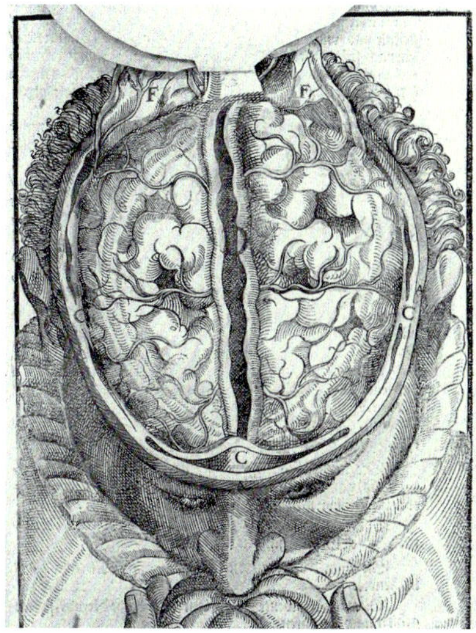

Weitere Einschränkungen

Auch wenn wir glauben, dass wir in unserem Handeln frei sind, insofern als unser Schicksal nicht unabänderlich von einem Gott oder den physikalischen Gesetzen vorgegeben ist, bleiben dennoch etliche Einschränkungen zurück.

Die Freiheit, sich zu entscheiden, kann uns durch mehrere Gründe verwehrt sein. Ein Häftling hat eingeschränkte Wahlmöglichkeiten, ebenso ein Querschnittsgelähmter oder ein Mensch, der in extremer Armut lebt. Und wir können dies noch weiter ausweiten, indem wir sagen, dass eine Person mit einer chancenlosen Jugend ohne Zugang zu Bildung in ihren Wahlmöglichkeiten eingeschränkt ist oder jemand aufgrund eines tyrannischen Ehepartners oder eines totalitären Staatssystems nicht frei entscheiden kann. Ab welchem Punkt bewirken äußere Kräfte den Verlust des freien Willens?

Wenn die Handlungen eines Menschen auf chemische Prozesse im Gehirn oder auf einen göttlichen Plan zurückzuführen sind, kann man ihn dann für das verantwortlich machen, was er tut? Oder wenn die Möglichkeit, sich zu entscheiden, nur eine Illusion ist, die vom Gehirn erzeugt wird? Ist es richtig, jemanden für etwas zu bestrafen, was unvermeidbar war und sich seiner Kontrolle entzog?

Ellenbogenfreiheit

Natürlich ist unser Leben ohne die Vorstellung des freien Willens nicht denkbar. Damit eine Gesellschaft einwandfrei funktionieren kann, müssen wir uns dazu bekennen, in unseren Handlungen frei zu sein. Jedes ordentliche Gericht geht davon aus, dass die Menschen in ihrem Handeln frei sind und deshalb dafür auch verantwortlich gemacht werden können. Sie halten sich nicht mit der metaphysischen Frage auf, ob überhaupt jemand in seinen Entscheidungen frei ist. Aus historischer Sicht können wir sagen, dass sich die Menschen besser verhalten, wenn sie mit Belohnung und Bestrafung rechnen können. Natürlich können sie auch dazu bestimmt sein, so zu handeln ...

Einige Philosophen haben sich bemüht, bei der Debatte zwischen den Befürwortern des freien Willens und ihren Gegnern, den Deterministen, etwas Handlungsspielraum zu schaffen. Wie Daniel C. Dennett betont, schlingern wir unweigerlich dem Fatalismus und der Hoffnungslosigkeit entgegen, wenn wir uns dem Determinismus ergeben. Der Kompatibilismus sucht nach einem Kompromiss, indem er unserem freien Willen in Abhängigkeit bestimmter Beweggründe so viel Raum wie nötig lässt. Wenn Sie eine freigiebige Person sind, können Sie frei wählen, welcher Hilfsorganisation Sie Geld spenden, doch aufgrund Ihrer Freigiebigkeit werden Sie etwas spenden. Arthur Schopenhauer erklärte das folgendermaßen: *„Der Mensch kann zwar tun, was er will, doch er kann nicht wollen, was er will."* (1839) Andere betrachteten diesen Spielraum als illusorisch – oder schlimmer noch als „jämmerliche Vorstellung" (Immanuel Kant) oder als „Sumpf der Ausflüchte" (William James).

Zu viel Freiheit

Die existenzialistischen Philosophen des 20. Jahrhunderts hatten eine völlig andere Sichtweise. Sie gaben den Menschen mehr Freiheit und Verantwortung, als ihnen lieb war. Mit den Worten Jean-Paul Sartres bedeutete dies, dass wir „zur Freiheit verdammt sind".

Nach Sartre wird unser Charakter durch unser Handeln festgelegt und nicht unser Handeln durch den Charakter. Wir beginnen mit einer reinen Weste. Sartre konnte nicht behaupten, dass wir alle dieselben Wahlmöglichkeiten haben, doch dass wir zwischen denen, über die wir verfügen, frei entscheiden können, selbst wenn wir unter Zwang stehen. Wir können nicht sagen: „Ich hatte keine andere Wahl", weil immer eine Wahlmöglichkeit besteht, selbst wenn eine der Möglichkeiten inakzeptabel ist, weil sie z.B. darin besteht, zu sterben, wenn wir einem Bewaffneten gegenüber verweigern, was er von uns zu tun verlangt. Niemals kann die Verantwortung auf Gott geschoben werden (der nicht existiert, an den wir aber trotzdem glauben können) und nichts kann durch eine Veranlagung unserer Persönlichkeit entschuldigt werden, die sich ja auf der Grundlage vorhergehender Entscheidungen entwickelt hat. Sich der Verantwortung zu entziehen ist Selbstbetrug.

> ***„Das Schicksal des Menschen liegt in ihm selbst."***
> Jean-Paul Sartre, 1946

Kapitel 6

Gibt es einen Geist in der Maschine?

Welcher Teil von Ihnen macht „Sie selbst" aus?
Und wie sieht er aus?

„Ich bin meinem Körper nicht in derselben Weise bewusst, wie ein Seemann seinem Schiff, sondern bin fest mit ihm verbunden und durchmischt, sodass ich mit ihm eine Einheit bilde."

Descartes, Meditationen über die Erste Philosophie (1641)

Sämtliche Kulturen der Welt betrachten den Menschen als Körper, der von einer Art Geist bewohnt wird. Manchmal hat der Geist eine religiöse Bedeutung – z.B. als Teil einer Gottheit oder eines universellen Geistes. In manchen Kulturen besteht eine engere Verbindung mit dem Denken oder dem Bewusstsein, das keine übernatürliche Komponente beinhaltet. Der Geist kann

Die Vorstellung von der Seele als Gefangene des Körpers ist weit verbreitet. In diesem byzantinischen Mosaik wird die Seele als Vogel im Käfig dargestellt.

ewig sein oder den Körper bei dessen Tod verlassen. Diese Vorstellung kann aber auch falsch sein und es gibt keinen belebenden Geist.

Die Trennlinie

Nach Platon verweilt die Seele nur vorübergehend im Körper. Ihre eigentliche Heimat ist das Reich der Ideen. Sie ist im Körper gefangen, wodurch ihr Potenzial stark eingeschränkt wird. Für die Gläubigen ist die Seele häufig im Körper gefangen und sehnt sich nach dem Göttlichen, wird jedoch durch die niederen Triebe des Körpers genötigt, dessen körperliche Bedürfnisse zu befriedigen. Die Beziehung zwischen Körper und Seele ist stets angespannt, wobei die Seele die edlere Rolle spielt.

Manche Religionen verordnen körperliche Schmerzen oder Entbehrung, um den Körper unter Kontrolle zu halten und dem Geist zu ermöglichen, erleuchtet oder gerettet zu werden.

Angeregt durch das wachsende Interesse an Naturwissenschaften und Mechanik während der Aufklärung stellte sich René Descartes den Körper als komplizierte biologische Maschine vor, die durch einen Geist kontrolliert wird. Daraus entstand später der so genannte „Geist in der Maschine". Zunächst erscheint diese Vorstellung sehr intuitiv: Ein Teil von uns denkt, träumt, hofft und macht Erfahrungen und es kommt uns so vor, als sei er getrennt von dem Teil, der atmet oder die Treppe hinaufgeht. Diese Trennung in physischen und spirituellen oder geistigen Teil wird Dualismus genannt. Jedoch beinhaltet diese intuitive Einteilung einige Ungereimtheiten.

Körper und Geist

Der Körper hat ganz offensichtlich einen starken Einfluss auf die Seele oder den Geist. Wenn wir uns ärgern, kann es zu physischen Anzeichen wie z. B. Tränen oder einer veränderten Atmung kommen. Und wenn wir verletzt sind, kann der Schmerz alles aus unserem Geist verdrängen. Wir unterteilen körperliche Bewegung in bewusst und unbewusst und erkennen einen Unterschied, wenn unser Herz einfach nur Blut durch den Körper pumpt oder wenn wir ein Kind umarmen. Auch wenn wir wissen, welche Bereiche von Herz und Nervensystem für das Transportieren des Blutes durch unseren Körper relevant sind, so können wir noch lange nicht den Impuls lokalisieren, der uns ein Kind umarmen lässt.

Descartes siedelte den Geist in der Zirbeldrüse an, einem kleinen Organ, das sich tief im Gehirn verbirgt. Er war nicht der Erste, der dies annahm. Die Zirbeldrüse war bereits im alten China bekannt, sie wurde dort Himmelsauge genannt, der Hinduismus kennt sie als Fenster Brahmas. Auch Descartes konnte nicht erklären, wie die nicht-physische Seele auf den Körper oder die Welt wirken konnte. Dieser Aspekt des cartesischen Dualismus bleibt ungeklärt: Wie ist es möglich, dass etwas Nicht-Materielles auf den Körper Einfluss nehmen oder andererseits durch den Körper beeinflusst werden kann?

Zirbeldrüse

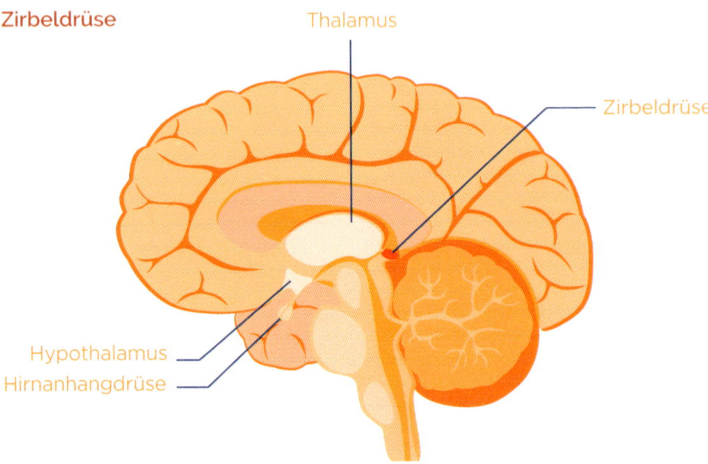

Seelenlos

Die Dinge sind nicht deswegen wahr, weil sie sinnvoll erscheinen oder von den meisten Menschen als wahr erachtet werden (siehe *Sollten wir gegen den Strom schwimmen?* Seite 171). Vielleicht gibt es ja tatsächlich keine Trennung von Körper und Seele. Der französische Philosoph Maurice Merleau-Ponty lehnte die Körper-Seele-Unterteilung von Descartes ab und betrachtete den gesamten Menschen als rein biologische Einheit: „Ich bin mein Körper." Bertrand Russell lehnte die Existenz eines Geistes oder einer Seele ab. Stattdessen ging er vielmehr von einer Ansammlung mentaler Ereignisse im Gedächtnis aus – Erinnerungen, Gedanken und Erfahrungen. Der britische Philosoph Gilbert Ryle (1900–1976) vertrat die Ansicht, dass die empfundene Unterteilung in Geist und Körper darauf zurückzuführen ist, dass wir die Sprache zur Beschreibung des Physischen und des Geistigen unterschiedlich verwenden.

Der amerikanische Philosoph Daniel Dennett argumentiert, dass es mit dem Geist im Hinblick auf den Körper eigentlich nichts Besonderes auf sich habe. Er betrachtet dagegen alle Komponenten wie Charakter, Gedanken, Persönlichkeit und Bewusstsein als neurologische Auswirkungen, die vollständig auf biochemische Abläufe im Gehirn und im Körper zurückzuführen sind. Es gibt also keine Besonderheit, durch die sich die Menschen von anderen Lebenwesen unterscheiden. Doch Dennett (siehe Abbildung oben) geht noch weiter und sagt, dass es auch mit Lebewesen allgemein eigentlich nichts Besonderes auf sich hat – auch ein scheinbar intelligenter Computer ist nach Dennetts Ansicht tatsächlich intelligent. Er sieht also buchstäblich den Geist in der Maschine – auch wenn es natürlich kein Geist ist, sondern ein künstliches Objekt.

Gehirne verfügen über Bewusstsein, so wie Wasser nass ist

Der amerikanische Philosoph John Searle erachtet Bewusstsein als „emergente Eigenschaft" – etwas, das sich entwickelt, sobald genügend Neuronen aufeinandertreffen. Eine emergente (hervortretende) Eigenschaft ist etwas, das nur dann auftritt, wenn ganz viel von etwas zusammen kommt. Nässe ist beispielsweise eine hervortretende Eigenschaft des Wassers – ein einzelnes Wassermolekül ist noch nicht nass, doch Wasser in der Masse ist nass. Gleichermaßen entsteht durch ein einzelnes Neuron noch lange kein Bewusstsein, sondern erst durch eine Gruppe davon. Searle erachtet das Bewusstsein ganz und gar als physikalischen Effekt, der auf neurochemische Vorgänge im Gehirn zurückzuführen ist, weit entfernt von jeglicher Mystik oder anderem.

Wo ist der Anfang?

Egal ob neurologisch oder spirituell begründet – es bleibt immer noch die Frage danach, wo das menschliche Bewusstsein und Denken seinen Ursprung hat und wann es beginnt. Viele Religionen haben dafür eine mythologische Erklärung, z.B. ob die Seele mit der Geburt in den Körper eintritt oder vielleicht schon davor.

Um vom Menschen zu sprechen, der ja eine hohe Bewusstseinsstufe erreicht: Zu welchem Zeitpunkt der Entwicklung des Individuums tritt das Bewusstsein zutage? Diese Frage ist wichtiger, als man zunächst meint, da sie unsere Ansichten berührt, wie man mit ungeborenem Leben umgeht – Untersuchungen, medizinische Behandlungen und insbesondere Abtreibung mit eingeschlossen.

Drei Wochen nach der Befruchtung eines menschlichen Eis setzt beim Embryo die Entwicklung von Gehirn und Rückenmark

ein. Ist Bewusstsein eine emergente Eigenschaft von neuronaler Aktivität, könnte das Bewusstsein des neuen Menschen zu diesem Zeitpunkt einsetzen. Babys sind um die 22. Schwangerschaftswoche herum gelegentlich schon lebensfähig – vielleicht kann man darin die Obergrenze sehen.

Nicht nur die Entwicklung des menschlichen Individuums birgt schwierige Fragen. Wenn Geist oder Bewusstsein nicht speziell menschlich sind, müssen wir uns überlegen, zu welchem Zeitpunkt der Evolution es überhaupt erstmals auftritt. Wie viele Neuronen müssen vorhanden sein, damit Bewusstsein einsetzt? Vermutlich müssen wir mehrere Stufen des Bewusstseins annehmen. Vielleicht können auch andere Säugetiere Wohlgefallen und Vorfreude empfinden, doch nur wenige Menschen können sich vorstellen, dass auch eine Antilope oder ein Krokodil über das Böse, ein Leben nach dem Tod oder die Differentialrechnung nachdenkt. (Nicht dass wir irgendwelche Beweise dafür hätten, dass sie es nicht tun. Siehe *Hat ein Hund eine Seele?* Seite 86).

Eine Seele zu haben, kann Leben retten

In vielen Gesellschaftsformen bringt Bewusstsein Ansprüche und Verantwortung mit sich. In der Medizin ist das offensichtliche Bewusstsein eines Patienten ein ausreichender Grund, um ihn künstlich am Leben zu erhalten. In der Rechtsprechung können unzurechnungsfähige Angeklagte zumeist nicht für ihre Taten haftbar gemacht werden.

Der Geist kann auch abwesend sein, ohne sich abzumelden. Wahnsinn wurde früher als seelische Störung oder als Besessenheit durch einen Dämon betrachtet. Die aktuelle Rechtslage ermöglicht die Berufung auf verminderte Verantwortung, wenn das Urteilsvermögen aufgrund einer psychischen Erkrankung eingeschränkt ist.

Kapitel 7

Wer glauben Sie zu sein?

Werden Sie durch Ihre Gene oder durch Ihre Arbeit bestimmt? Wie zuverlässig ist Identität?

„Du bist nicht die Person, die ich geheiratet habe“, geht oftmals der Überlegung voran, ob man sich nicht besser scheiden lassen sollte. „Er ist nicht mehr derselbe wie früher“, kann über einen Menschen gesagt werden, der sich aufgrund von Krankheit oder Alter stark verändert hat. Sind wir diejenigen, die wir einmal waren? Und wer waren wir überhaupt, wann auch immer dieses „waren“ stattgefunden hat? Was ist das Ding, das wir „Ich“ nennen?

Knochen und Boote

Der menschliche Körper besteht aus Zellen von unterschiedlicher Art. Diese bleiben in den 80 bis 100 Jahren, die Sie zu leben hoffen, nicht dieselben. Viele davon verschleißen und werden ersetzt, einige davon sogar sehr häufig. Tatsächlich sterben in jeder Sekunde Millionen von Zellen ab. Die Zellen, mit denen die Darmwand ausgekleidet ist, werden extrem stark beansprucht. Sie sind stetig der Säure ausgesetzt und werden mit halbverdauten

Lebensmitteln bombardiert. Eine Zelle des Dickdarms hat eine Lebensdauer von durchschnittlich 4 Tagen, während die äußeren Zellen des Darms, die nicht mit Säure in Berührung kommen, bis zu 16 Jahren halten können. Ebenso gibt es einige wenige Typen von Zellen, die nicht ersetzt werden können. Beispielsweise können Neuronen in den meisten Bereichen des Gehirns nicht ersetzt werden – also ist es keine gute Idee, sie durch Alkoholexzesse abzutöten. Doch diese Zellen sind eher die Ausnahme. Nur ein ganz kleiner Bestandteil von Ihnen ist noch so wie bei Ihrer Geburt.

Der griechische Historiker Plutarch aus dem ersten Jahrhundert veranschaulichte das Thema von Veränderung und Beständigkeit durch das Gleichnis vom Schiff des Theseus. Als Teile dieses Schiffes verschlissen waren, wurden sie durch dieselben Teile ausgebessert. War ein Mast gebrochen, wurde er durch einen neuen Mast ersetzt. Waren die Segel verschlissen, wurden auch sie erneuert. Schließlich war keines seiner Teile noch wie zu Anfang. War es noch dasselbe Schiff? Wenn jemand ein Schiff aus den ausgetauschten Teilen zusammengebaut hätte, würden wir das zweite Schiff angesichts des neuen nicht als dasselbe wie das erste (koexistierende) erachten. Zwei Dinge können nicht dasselbe sein. Gewissermaßen wird die Frage durch das allmähliche Austauschen der Einzelteile bedeutsam. Wenn das reparierte Schiff nicht dasselbe ist wie zu Anfang, wann hat es damit aufgehört, dasselbe zu sein?

> ***„Das Selbst ist das bewusst Denkende (ob es sich dabei um etwas Geistiges, Materielles oder eine Mischung daraus handelt, ist unbedeutend), das empfänglich oder bewusst ist für Wohlgefühl und Schmerz, das Glück und Elend empfinden kann und sich somit um sich selbst kümmert, insoweit sich dieses Bewusstsein ausdehnt.“***
>
> John Locke (1689)

Ist der Mond da?

Bevor Plutarch sich über das Schiff des Theseus Gedanken machte, vertrat ein anderer Fan von Paradoxa namens Zenon von Elea die Ansicht, dass sich nichts verändert. Er bezog sich auf den Flug eines Pfeils, der von einem Bogen abgeschossen wird (Pfeil-Paradoxon). In jedem Moment besetzt der Pfeil einen Punkt im Raum und bewegt sich dabei weder zu noch von diesem Punkt. Da der Fluss der Zeit aus einzelnen Momenten besteht, die aufeinander folgen, der Pfeil sich jedoch in keinem dieser Momente bewegt, kann er sich niemals bewegen – weshalb sich auch nichts verändern kann. Der deutsche Philosoph Hans Reichenbach meinte, dieses Paradoxon träfe nur dann zu, wenn wir Raum und Zeit als voneinander getrennt betrachten und nicht nach Einsteins Allgemeiner Relativitätstheorie ein Raum-Zeit-Kontinuum annehmen.

Geist und Zeit

Gewöhnlich denken wir nicht daran, nichts anderes als eine Ansammlung von Körpergewebe zu sein, das aus Zellen besteht. Die meisten von uns erachten unsere Identität als etwas anderes, etwas Undefiniertes, vielleicht Spirituelles, was mit Bewusstsein oder Seele zu tun hat (siehe *Gibt es einen Geist in der Maschine?* Seite 48) - etwas, das unser „Selbst" ist.

Der englische Philosoph John Locke (1632–1704) siedelte die Identität ausschließlich im denkenden Geist an, der sich mit der Abfolge der Zeit entwickelt und sich seiner selbst bewusst ist. Er erachtete den Geist eines Neugeborenen als Tabula rasa oder eine unbeschriebene Tafel, auf der durch Erfahrung beim Heranwachsen Identität und Wissen entstehen (siehe *Was wissen wir?* Seite 25).

Das erscheint sinnvoll, zumal wir auch nach einem schweren Unfall noch als dasselbe „Selbst" existieren oder auch nur als Gehirn (oder Geist) in einem vollständig gelähmten Körper überleben können. Für den schottischen Philosophen Thomas Reid (1710–1796) war Lockes Ansatz zu vereinfacht. Wenn unsere Identität ihre Wurzeln in vergangenen Erfahrungen hat, was geschieht dann, wenn wir diese Erfahrung vergessen? Er veranschaulichte seinen Standpunkt mittels der Geschichte vom „Tapferen Offizier": *„Stellen Sie sich einen tapferen Offizier vor, der als Kind in der Schule geprügelt*

Die Vorstellung vom Geist eines Babys als unbeschriebene Tafel, die durch Erziehung und Identität beschrieben wird, kann bis auf Aristoteles zurückverfolgt werden.

wurde, weil er in einem Obstgarten gestohlen hatte, bei seinem ersten Feldzug die Feldzeichen des Feindes erbeutet und im späteren Leben zum General befördert wird. Möglicherweise hat er sich beim Erbeuten der Feldzeichen an die Prügelstrafe in der Schule erinnert und bei der Beförderung zum General an das Erbeuten der Feldzeichen, doch der Prügelstrafe in der Schule war er sich dabei nicht mehr bewusst."

Nach Locke muss es sich bei dem General um dieselbe Person handeln wie bei dem tapferen Offizier, und der tapfere Offizier muss dieselbe Person sein wie der kleine Junge, wie auch der Junge und der Offizier durch die Kontinuität des Bewusstseins miteinander verbunden sind – und ebenso der Offizier und der General. Da zwischen dem General und dem Jungen jedoch keine psychologische Verbindung besteht, sind sie nicht dieselbe Person. Reids Beispiel veranschaulicht den Widerspruch von Lockes Definition: Der General ist dieselbe Person wie der Junge, der in der Schule verprügelt wurde, und zugleich ist er es nicht.

Die existenzialistischen Philosophen des 20. Jahrhunderts sahen das Selbst als in stetem Werden begriffen, das kontinuierlich durch unsere Handlungen neu definiert wird. Darin spiegelt sich die Theorie der Psychologie wider, dass die Persönlichkeit durch Erfahrungen in der Vergangenheit geprägt wird, einschließlich jenen, die wir vergessen haben. Doch anders als für die Psychologen sind Traumata aus der Vergangenheit für die Existenzialisten kein Grund, um jemanden aus der Verantwortung zu entlassen. Sie lehnen es ab, unsere genetische Veranlagung oder Erziehung dafür verantwortlich zu machen, wie wir uns entwickeln. Sartre behauptete, dass die meisten Menschen falsch liegen: Wir handeln nicht aufgrund unseres Charakters, sondern um unseren Charakter auszubilden. Wenn Sie egoistisch handeln, sind Sie zwar eine egoistische Person, doch ebenso können Sie sich selbst durch eine zukünftige nicht-egoistische Handlung neu definieren. Es besteht keine Notwendigkeit für die Kontinuität von Bewusstsein, sondern der Charakter ist kumulativ und besteht aus einer Kette von Handlungen, durch die Sie bis zu diesem Moment gelangt sind.

Das Selbst loswerden

Wir haben gesehen, dass viele Philosophen die Identität außerhalb des Körpers lokalisieren. Für den schottischen Philosophen David Hume ist das Selbst nichts als ein Bündel von Wahrnehmungen – ohne Einheit und sogar ohne jegliche Existenz. Seiner Ansicht nach ist das gesamte Konzept des Selbst nichts als eine Fiktion. Doch lässt selbst der Begriff „Bündel" auf so etwas wie Einheit schließen, durch die etwas erfasst wird. Es scheint unmöglich zu sein, über den Menschen zu sprechen und das Selbst aus der von uns verwendeten Sprache auszuschließen. Für Hume war das Selbst eine Art Sammelbecken von Erfahrungen, deren Bestandteile ständig ein- und ausgehen – vergleichbar mit dem Schiff des Theseus in nicht-körperhafter Form. Daniel Dennett stimmt mit Hume überein, dass wir lediglich über den Körper und seine Erfahrungen verfügen. Für ihn besteht das Selbst einzig in den Nervenverbindungen des Gehirns. Es hilft uns lediglich dabei, über uns selbst zu sprechen.

Das Gravitationszentrum eines Hoola-Hoop-Reifens befindet sich in seinem Mittelpunkt, also in der Luft. Daniel Dennett hat eine ähnliche Vorstellung des Selbst: fiktional und substanzlos.

Einige östliche Philosophen betrachten das Selbst als falsche Wahrnehmung, die durch den Körper erzeugt wird und die Realität verschleiert, sodass wir uns als Teil eines größeren Ganzen sehen. Die Existenz ist in diesen Traditionen des Denkens eine Illusion, von der wir uns so schnell wie möglich befreien sollten, um uns auf den Weg der Erleuchtung zu begeben.

Kapitel 8

Unheil geschieht – aber warum?

Warum geschieht so viel Schlimmes auf der Welt? Ist das Universum unergründlich oder einfach nur gleichgültig?

In den Nachrichten erfahren wir täglich von schrecklichen Ereignissen. In unser aller Leben ereignen sich Missgeschicke und gelegentlich sogar wahrhaft schreckliche Dinge. Eine natürliche Reaktion auf überwältigendes Unglück ist zu fragen: „Warum ich?“ oder „Warum musste das geschehen?“ So mancher fragt sich auch, warum überhaupt etwas passiert – doch nur selten fragen sich die Menschen, warum gute Dinge geschehen.

In philosophischen Kreisen gehört die Frage „Warum geschehen böse Dinge?“ zum „Problem des Bösen“, einem der unwiderstehlichen Argumente gegen die Existenz Gottes. Der Grundstein dafür wurde im 3. Jahrhundert v. Chr. von Epikur gelegt, welcher fragte: *„Will Gott das Böse verhindern oder ist er dazu gar nicht in der Lage? Dann ist er nicht allmächtig. Ist er dazu fähig, aber nicht willig? Dann ist er böse. Ist er sowohl fähig als auch willig? Wie kann es dann das Böse geben?“*

„Warum?“ kontra „Warum nicht?“

Es gibt im weitesten Sinne zwei mögliche Antworten auf die Frage, warum Unheil geschieht:

- aufgrund eines höheren Zwecks
- ohne Grund

Die erste Antwort setzt voraus, dass es „da draußen“ etwas oder jemanden gibt, der den Zweck definiert. Es ist zwar nicht besonders einfallsreich, aber nennen wir dieses zielorientierte Etwas „Gott“ – ein höheres Wesen mit unglaublicher Macht.

Die zweite Antwort ist wesentlich schwieriger. Wenn Ihr Leben gut läuft oder Sie die Augen vor den Schrecken der Welt verschließen können, kommen Sie mit der zweiten Antwort gut zurecht. Andernfalls geraten Sie in die Spirale der Sinnlosigkeit und fühlen sich machtlos und verängstigt.

Der höhere Zweck

Vielen Religionen ist gemeinsam, dass sie ein göttliches Wesen voraussetzen, das einen großen Plan verfolgt. Könnten wir nur einen kurzen Blick darauf erhaschen, würden wir verstehen, warum alles geschieht. Die meisten Religionen haben die Vorstellung von einem guten Gott, obwohl ein böser Gott viel einfacher und bequemer wäre. Warum erlaubt also ein guter Gott, dass böse Dinge geschehen?

Wenn Gott sich um den Einzelnen kümmert und ihm wohlgesonnen ist, können wir davon ausgehen, dass selbst die dunkelste Wolke einen Funken Hoffnung in sich trägt. Vielleicht sind auch die Dinge, die wir für schlecht halten, in Wirklichkeit gar nicht schlecht, sondern erscheinen nur so, weil wir sie nicht in einem größeren Zusammenhang sehen können. Oder Gott stellt uns auf die Probe, um unsere spirituelle Entwicklung anzuregen (das wäre dann der Hoffnungsschimmer in der dunklen Wolke).

Die Version des Ministeriums für Wahrheit: Das Böse ist gut

In dem von George Orwell in seinem Roman 1984 (veröffentlicht 1949) beschriebenen totalitären Staat gibt es ein Ministerium für Wahrheit, das festlegt, was wahr ist. „Das Böse ist gut“

hätte eines seiner Slogans sein können. Der Philosoph Augustinus war der Ansicht, dass Gott das Gute aus dem Bösen hervorbringt: *„Da Gott der höchste Gott ist, würde er niemals die Existenz des Bösen in seiner Schöpfung zulassen. Seine Allmacht und Göttlichkeit können sogar das Gute aus dem Bösen hervorbringen."*

Diese Argumentation ist eigentlich nicht haltbar, da sie von der Annahme ausgeht, Gott würde die Existenz des Bösen niemals zulassen, womit Augustinus die Aussage rechtfertigt, dass das Böse aus diesem Grund nicht wirklich böse sei. Außerdem erscheint sie ein wenig unaufrichtig. Könnten wir die Dinge aus der Perspektive Gottes sehen, würde sich das Böse als nicht wirklich böse zeigen, sondern als Teil eines weiter gefassten Guten. Leider können wir die Dinge jedoch nicht aus der Perspektive Gottes sehen und müssen es in gutem Glauben hinnehmen, was manchmal wirklich schwerfällt.

Als Reaktion auf einen Unglücksfall hören wir ab und zu die Bemerkung, dass uns nur so viel zugemutet wird, wie wir ertragen können. (Diese Aussage ist derart offenkundig falsch, dass man sich nur darüber wundern kann, wie sie überhaupt gemacht werden kann. Haben sich die Betreffenden jemals mit Selbstmordraten beschäftigt?) Dem liegt die Vorstellung zu Grunde, dass wir auf die Probe gestellt werden, um stärker zu werden.

Der britische Geistliche und Politiktheoretiker Thomas Malthus (1766–1834) sah das Böse in einem Antrieb, den wir vermeiden oder korrigieren müssen: *„Das Böse ist nicht dazu da, Verzweiflung zu schaffen, sondern Aktivität."*

Gott schaut nicht hin

Natürlich kann es einen Gott mit einem großen Plan geben, der sich für den Einzelnen jedoch nicht interessiert. Der große Plan kann z. B. die Erschaffung einer neuen Art von Wesen beinhalten, die dann als Versuchstiere dienen. Ähnlich den Schwärmen von Fruchtfliegen, die von den Biologen für die Genforschung eingesetzt werden, können auch wir Teil eines wissenschaftlichen kosmischen Experiments sein. In diesem Fall hat das individuelle Elend des Einzelnen oder einzelner Gruppierungen keine besondere Bedeutung und ist im Verlauf des Experiments vielleicht sogar vorgesehen. An vielen Leiden ist der Mensch (im Kollektiv) selbst schuld und sie könnten vermieden werden, wenn er seinen Verstand einsetzen würde, was im Rahmen des Experiments durchaus möglich wäre.

Eine andere Möglichkeit ist, dass Gott in die Geschicke des Menschen gar nicht eingreifen will oder dazu nicht in der Lage ist. Vielleicht hat er das Universum erschaffen und überlässt es nun sich selbst. Diese Vorstellung von Gott als göttlichem Uhrmacher geht u. a. auf Isaac Newton zurück. Wenn die Welt ganz automatisch nach ihren Gesetzen ihren Lauf nimmt, ereignen sich böse Dinge als Konsequenz von anderen Dingen – oder weil sie einem vorgegebenen Plan folgen. Dafür ist kein bestimmter Zweck auszumachen. Die Situation ist stets dieselbe, egal ob es keinen Gott gibt oder einen, der die Dinge nicht kontrollieren kann. In beiden Fällen erhalten wir keine Antwort auf die Frage, warum etwas geschieht.

„Wir sind für die Götter wie Fliegen für schamlose Buben. Sie töten uns zum Zeitvertreib.“

William Shakespeare, King Lear, IV. Akt, 1. Szene

Manche Menschen halten auch nach Enttäuschungen weiterhin an der Vorstellung eines Gottes fest, dann jedoch in der Form, dass sich Gott nicht für das Schicksal der Menschen interessiert oder er ihnen gar Böses will. Es gibt keinen Anhaltspunkt dafür, dass dies nicht wahr sein könnte – die Wahrscheinlichkeit für die Existenz eines bösen Gottes ist gleich der eines guten Gottes, auch wenn uns die Erwägung dieser Möglichkeit nicht besonders angenehm ist.

So wenig Böses wie möglich

Gottfried Leibniz schlug um 1710 eine Sichtweise vor, die auch als Optimismus bekannt ist. Optimismus bedeutet im philosophischen Sinn nicht, ein halbleeres Glas als halbvoll zu betrachten, sondern davon auszugehen, dass alles so gut wie eben möglich ist. Gott hat eine optimale Welt geschaffen – die beste unter allen möglichen Welten, die er hätte erschaffen können. Es ist, als seien ihm die Hände gebunden. Er hätte ja so gerne eine Welt ohne das Böse, ohne Hunger, ohne Malaria übertragende Mücken geschaffen, in der ein leckerer Hummus nicht sauer wird, wenn er zu lange aufbewahrt wird – aber aus irgendeinem Grund war er dazu nicht in der Lage. Also haben wir eben diese Welt. Doch wir können sicher sein, dass keine bessere als diese möglich ist.

Diese Ansicht wurde von Voltaire in seinem Roman *Candide* eingehend zur Satire gemacht. Kleine Bosheiten oder Unannehmlichkeiten können im Strauß der vielen Möglichkeiten vielleicht noch die besten Alternativen sein. Doch man kann sich kaum schlimmere Alternativen zum Holocaust oder zur Pest vorstellen.

Die beste aller möglichen Welten

In Voltaires gleichnamigem Roman wird dem jungen Candide durch seinen Lehrer Pangloss beigebracht, dass alles nur dem Besten in der besten aller möglichen Welten diene. Candide erleidet unvorstellbare Not und Grausamkeit, nimmt aber stets den Standpunkt ein, in der besten aller möglichen Welten zu leben und sein Unglück nicht zu hinterfragen. Dass alles noch viel schlimmer sein könnte, wird ins Extreme geführt und wird zur Legitimation der Teilnahmslosigkeit. Am Schluss ist Candide ein gebrochener Mann, der auf ein zerstörtes Leben zurückblickt. Der Roman ist ein raffiniertes Lehrstück über das Verfechten einer falschen Philosophie, wodurch das Leben eines Menschen zerstört werden kann. Voltaire schrieb diesen Roman als Antwort auf Leibniz' *Theodizee* („Gerechtigkeit Gottes").

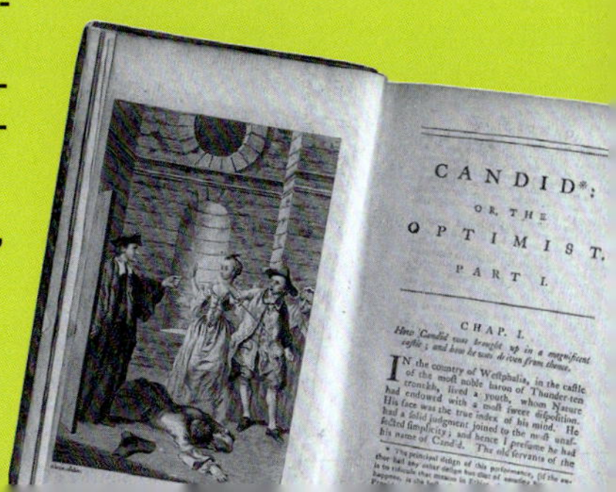

Es ist allein unsere Schuld

Einige östliche Religionen vertreten die Auffassung, dass wir stets wiedergeboren werden, wobei unsere Seelen nach Erleuchtung streben (siehe *Hat ein Hund eine Seele?* Seite 86). Dinge, die wir in diesem Leben tun, haben eine Auswirkung auf unsere späteren Inkarnationen. Das erscheint unfair, da wir uns an frühere Leben nicht erinnern können und die Strafe von der Untat weit entfernt zu sein scheint – was gleichermaßen bedeutet, dass unsere derzeitige Situation mit unseren Taten auf einer Linie liegt. (Oder vielmehr, denen des Wesens, das unsere Seele einmal bewohnte.) Aus Mangel an Nachvollziehbarkeit und Überprüfbarkeit kann dieses System nicht empfohlen werden.

Es gibt keine Ursache

Demokrit schrieb im 4./5. Jahrhundert v. Chr., dass alles, was geschieht, mit dem Verhalten der Atome zu erklären sei. Auch die Quantenphysiker sagen, dass alles im Universum den physikalischen Gesetzen folgt und diese schon immer dieselben gewesen sind, weshalb alles vorhersehbar sein müsste, sobald wir das Wissen dazu haben. Schlechtes und Gutes ist dann vermeidbar (siehe *Tee oder Kaffee?* Seite 38). Physikalische Unvermeidbarkeit ist nicht ein Zweck, sondern eine Ursache, wegen der sich etwas ereignet.

Wenn alles nicht unvermeidbar ist, kann es auch keine kontrollierende Gottheit geben und wir können nicht für Taten aus einem früheren Leben verantwortlich gemacht werden. Wir werden mit der erschütternden Schlussfolgerung zurückgelassen, dass die Dinge geschehen, weil sie eben geschehen. Es gibt kein regulierendes Schicksal, keine allumfassende Gerichtsbarkeit und es ist der Welt völlig gleichgültig, was mit uns geschieht. Das Leben ist unfair – es sieht zumindest ganz danach aus.

Kapitel 9

„Alles kommt wieder zurück" – wirklich?

Kommt das Gute wirklich zu denen, die Gutes tun?

Wenn Sie schlecht behandelt werden, ist die Vorstellung, dass alles wieder zu einem zurückkommt und schlechte Taten zu denen zurückkehren, die sie begangen haben, sehr tröstlich. Was hat es damit auf sich?

Der Begriff des Karmas

Auf gute Taten folgt ein gutes und auf schlechte Taten ein schlechtes Karma. Das klingt gerecht.

Karma hat seine Ursprünge im hinduistischen und prähinduistischen Glauben. Wörtlich übersetzt bedeutet es „Handlung" oder „Tat", bezieht sich jedoch auf ein ganzes System von Handlungen und ihre Konsequenzen. Das Grundprinzip des Karmas ist, dass wir durch gute Taten ein glückliches

Schicksal erlangen und durch böse Taten ein leidvolles. Es ist eine diffuse Lehre von Ursache und Wirkung, nach der eine Handlung keinen unmittelbaren Effekt hat, sondern das Gute und das Böse sich im Laufe der Zeit ausbreiten. Im Christentum stößt man auf eine ähnliche Vorstellung: *„Wer da sät im Segen, der wird auch ernten im Segen."* (2. Korinther 9:6)

In Übereinstimmung mit dem hinduistischen Glauben an die Reinkarnation steht das Karma in Bezug zu vorhergehenden Inkarnationen und schließt alle Handlungen des Menschen in seine gegenwärtige Inkarnation mit ein. Wenn Sie allgemein gut gewesen sind – in Ihrem jetzigen Leben und ebenso in vorhergehenden Inkarnationen, vielleicht als Schnecke, Panda, Qualle oder was auch immer –, werden Sie mit einem guten Leben belohnt. Hat man als guter Mensch im Hier und Jetzt kein gutes Leben, sondern vorwiegend Pech, liegt die Ursache vermutlich weiter zurück in einem verabscheuungswürdigen Leben als Mensch, Schnecke, Panda oder Qualle. Es gibt verschiedene Varianten des Karmas. In manchen Religionen, wie dem Hinduismus, wird das Karma durch eine Gottheit festgelegt. Es gibt aber auch weltliche Lehren über Ursache und Wirkung.

Schlechtes Karma ist eine schwarze Masse, das in anderen Dimensionen nach unserem jetzigen Leben wiederholte Leben aufbaut. Nur wenn wir unser schlechtes Karma abarbeiten, können wir erleuchtet werden. Da auch Krankheiten auf schlechtes Karma zurückgeführt werden, nehmen manche Menschen keine Arzneimittel. Im Jainismus kann schlechtes Karma schon ganz einfach durch böse Gedanken und nicht erst durch böse Taten ausgelöst werden.

Keinen Ärger machen

Der deutsche Philosoph Friedrich Nietzsche (1844–1900) hätte den Glauben an ein Karma als religiöse Versklavung bezeichnet, da es die Menschen unterjocht: Wenn sie sich gut verhalten, werden sie später belohnt; ereilt sie Unheil, so haben sie es in einem früheren Leben selbst verschuldet. Es gibt keinen Anreiz, sich darum zu bemühen, besser behandelt zu werden (schlechte Behandlung ist gottgegeben und hilft, schlechtes Karma zu tilgen), sondern nur Anreize zu Gehorsam, Fügsamkeit und für das Gute.

Andere Religionen vertreten die Vorstellung, dass Leiden in der Gegenwart mit Glückseligkeit im Jenseits belohnt wird. Wer hingegen die Freuden der Welt genießt, muss dafür im Jenseits teuer bezahlen. Es ist ein ähnliches Prinzip der Gegenleistung, doch – wie bereits bei der Reinkarnation – sind die Konsequenzen von der Tat getrennt und nicht überprüfbar.

Ein schneller Rundumschlag

Als Volksweisheit hat „Alles kommt wieder zurück" im Sinne von „Wie du mir so ich dir" eine zielgerichtetere und kurzzeitigere Bedeutung: Wenn wir andere gut behandeln, werden auch wir gut behandelt. Wenn wir zu anderen böse sind, werden wir das früher oder später büßen müssen. Es ist ein beruhigender Gedanke, in dem zweifellos viel Wahrheit steckt. Wer andere stets schlecht behandelt, stößt im Gegenzug vermutlich auch auf Unfreundlichkeit, da wir eher zu den Menschen freundlich sind, die auch uns gegenüber freundlich sind. Doch das muss nicht immer so sein und ist keine Regel. Wir alle kennen Menschen, die ihre Partner schlecht behandelt haben und denen es immer wieder gelingt, einen neuen zu finden, oder fiese Arbeitskollegen, die dennoch weiterkommen und sogar einen großen Freundeskreis haben.

Wir klammern uns an die Idee der Gerechtigkeit und versuchen sie vernünftig zu begründen: Wenn wir leiden, liegt die Gerechtigkeit darin, dass es anderen nicht anders geht oder wir zu einem späteren Zeitpunkt mehr Glück haben werden.

> ***„Fortuna ist immer freundlich zu denen, die sich von ihr täuschen lassen, bis sie sie mit unerträglichem Leid überwältigt und sie verlässt, wenn sie es am wenigsten erwartet hätten … Und wenn du versuchst, das Rad anzuhalten? Ach, ihr dummen Sterblichen, wenn ihr Rad stillsteht, ist sie nicht mehr Fortuna."***
>
> Boethius (524)

Das Rad des Glücks

Im 5. Jahrhundert verglich der römische Philosoph Boethius in seiner Schrift Der Trost der Philosophie die Beliebigkeit der Ereignisse mit der sinnbildlichen

Figur der Fortuna (stets eine Frau), die an einem großen Rad dreht, an das die Menschen festgebunden sind. Manchmal sind sie oben und haben Glück, irgendwann fallen sie jedoch unweigerlich wieder nach unten – ins Unglück.

Boethius schrieb sein Buch im Gefängnis und berichtet, wie er sich der Philosophie zuwandte, um in seiner Not Trost zu finden. Die launenhafte Fortuna wurde im Mittelalter ein beliebtes Thema.

Das Rad der Fortuna belohnt oder bestraft völlig willkürlich, was aber letztlich keine Rolle spielt, da diejenigen, die oben sind, irgendwann unten sind und umgekehrt. Wenn nun aber jemand sein ganzes Leben lang Glück hat? Das kann erst beurteilt werden, wenn sein/ihr Leben beendet wird, wodurch er/sie das letzte Unglück erleidet – wiederum eine Bestätigung dieses Schemas. Und wie verhält es sich mit einem armseligen Bettler, der niemals Glück im Leben hat? Vielleicht hätte er sein Glück gefunden, wenn er länger gelebt hätte, doch sein Leben endete, als sich das Rad in Tiefstellung befand. Vielleicht wird er im Himmel belohnt. Fortuna dreht das Rad so schnell oder langsam, wie es ihr beliebt.

Wer dreht das Rad?

Wer an einen Gott glaubt, geht davon aus, dass er nach dem karmischen Prinzip Lohn und Strafe verteilt. Doch ohne einen solchen sind wir auf den Mechanismus von Ursache und Wirkung angewiesen, damit Fairness je nach Lebenswandel – oder eine Art spirituelles

Gleichgewicht entsprechend dem Karma – möglich ist. Die Menschen und ihr Geschick spielen dabei keine Rolle: Man stelle sich dies am besten wie einen immerwährenden Wasserkreislauf vor, dem es gleichgültig ist, ob er eine Auswirkung auf den Einzelnen hat.

Es ist absurd

Die philosophische Auffassung des Absurden bezieht sich auf die Suche nach Sinn angesichts der letztendlichen Sinnlosigkeit des Universums. Sie geht auf den dänischen Philosophen Søren Kierkegaard und den französischen Existenzialisten Albert Camus (rechts) zurück. Im Gegensatz zu dem Konzept des Karma und des Rads der Fortuna lässt sie außer dem physikalischen Prinzip von Ursache und Wirkung keine andere Erklärung für unser Schicksal zu. Wenn Sie alten Leuten helfen und nett zu den Nachbarn sind, schützt das Sie ebensowenig vor Krebs oder Unfall wie wenn Sie Ihr Wochenende mit Ladendiebstählen verbringen. Warum also sollten Sie gut sein? Vielleicht, weil es Sie glücklich macht ...

Ebenso können wir die Ansicht vertreten, dass es überhaupt keine Struktur gibt. Außerhalb des Bereichs der menschlichen Interaktion bleibt nicht viel von Ursache und Wirkung übrig. Natürlich gibt es fahrlässige und vorsichtige Handlungen, die sich auf die Wahrscheinlichkeit von einem guten oder schlechten Ausgang auswirken, doch niemand kann dafür garantieren. Sie können jederzeit an Krebs erkranken, einen Unfall haben oder einen geliebten Menschen verlieren, ohne dass Sie die Schuld dafür tragen. Solche Schicksalsschläge können Sie sogar alle innerhalb eines einzigen Jahres treffen – oder auch nie. Genauso können Sie sich innerhalb eines Jahres verlieben, im Lotto gewinnen und den Nobelpreis erhalten.

Kapitel 10

Macht uns ein neues Smartphone glücklich?

Macht Besitz glücklich? Wie kann man glücklich werden?

Was macht Sie glücklich? Mit einem Cocktail in der Hand am Strand zu liegen? Musik zu machen? Oder Menschen zu helfen? Das Streben nach Glück ist ein uraltes Ziel des Menschen. Doch was macht uns glücklich und wie können wir es erreichen?

Bevor wir fortfahren, müssen wir uns darüber klar werden, was wir mit Glück meinen. Die Philosophie unterscheidet zwei Bereiche: Mit Glück kann Wohlbefinden gemeint sein, also ein gutes Leben (aus der Sicht des Individuums), oder ein Gemütszustand. Sie stimmen nicht immer überein, denn wer ein gutes Leben führt, muss nicht unbedingt glücklich sein.

Gründe, um glücklich zu sein …

Wenn die Menschen danach fragen, wie man glücklich sein kann, meinen sie damit keinen kurzen Ausbruch von Glück, sondern wie man ein zufriedenes Leben führen kann, das zugleich ein gutes Leben ist. Es ist subjektiv, weil wir alle eine andere Vorstellung davon haben. Ein Leben voller Freude muss nicht zugleich ein gutes Leben sein.

Fragen Sie sich selbst

- **Anne arbeitet für den Katastrophenschutz. Sie verbringt ihre Zeit damit, Menschen zu helfen, die alles verloren haben. Sie lebt in bescheidenen Verhältnissen und fällt abends erschöpft und traumatisiert von all dem, was sie erlebt und gesehen hat, in ihr Bett. Aber durch ihre Arbeit rettet sie Leben. Sie ist der Ansicht, ein gutes Leben zu führen und würde nichts anderes tun wollen.**
- **Jasmin schaut gerne Fernsehen. Sie liegt dabei auf dem Sofa und isst Donuts – ihre Lieblingsspeise. Sie hat genug Geld, um das so oft zu tun, wie sie nur möchte. Sie muss niemals hungern, muss nicht arbeiten und denkt nie an das Elend anderer Menschen. Abends geht sie zufrieden in ihr Bett.**

Wer von beiden ist glücklich? Wer hat ein gutes Leben?

Die Philosophie kennt drei Wege, um glücklich zu werden: der hedonistische (genusssüchtige) Weg, der nach möglichst vielen angenehmen Erfahrungen strebt; der Weg der Zufriedenheit, auf dem man mit seinem Leben zufrieden ist; der emotionale Weg, der nach einer Bestätigung und Intensivierung der Gefühle strebt.

Wein, Weib und Gesang …

Nach dem hedonistischen Ansatz liegt das Glück in angenehmen Erfahrungen. Er hat eine lange Geschichte. Erste Ansätze finden sich bei Aristippos von Kyrene (ca. 435–355 v. Chr.) und seinem Enkel Aristippos dem Jüngeren. Die Kyrenaiker erachteten die Lust als das höchste Gut. Ihr Motto könnte gewesen sein: *„Man soll die Feste feiern, wie sie fallen."* Der kyrenaische Weg bedeutete, sich so oft wie möglich mit jedem denkbaren Genuss zu verwöhnen. Dabei war Schmerz der Bewertungsmaßstab. So mancher Genuss zieht Schmerz nach sich und Schmerz war zu vermeiden. Auch ein Kyrenaiker wäre nicht vom Dach eines Hochhauses gesprungen, um in den Genuss des Fliegens zu kommen. Insgesamt werteten sie die körperlichen Freuden höher als die des Geistes. Um im alten Griechenland mal die Stadt unsicher zu machen, wäre Aristippos der Richtige gewesen.

> ***„Das Streben nach Lust ist einzig den Tieren eigen.“***
> Aristoteles

Epikur (341–270 v. Chr.) entwickelte eine gemäßigtere Sichtweise. Sein Name führte zur Prägung des Adjektivs epikureisch – der Inbegriff für den Genuss von gutem Essen und einem guten Leben. Er setzte sich ein für die Vorzüge von gutem Essen, Wein, Musik und anderen sinnlichen Freuden als Quelle des Glücks, jedoch nicht ausschließlich oder bis zum uneingeschränkten Hedonismus. Ein Epikureer verfügt über Geschmack und Raffinesse, anders als der Kyrenaiker, der den Wodka nur so in sich hineinschüttet. Epikur neigte nicht zu übermäßigem Schwelgen. Er verband Genuss mit Mäßigkeit. Seine persönlichen Vorlieben waren sehr bescheiden: Er trank Wasser, aß vorwiegend selbst angebautes Gemüse und lebte in Gemeinschaft mit seinen Freunden, mit denen er angenehme Unterhaltungen über anspruchsvolle Themen pflegte – eine Art Hippie-Leben.

Epikur dachte ernsthaft über das Glück nach, für das er einige Dinge als Grundvoraussetzungen erachtete: Nahrung, Unterkunft, Gesundheit, des weiteren Freundschaft, Freiheit und Verstand (geistige Anregung und Unterhaltung). Ausgefallene Speisen, ein schönes Haus oder das Streben nach Wohlstand erachtete er als unwichtig, das Streben nach Macht und Ruhm gar als widernatürlich. Bei einer Casting-Show zu gewinnen, hätte ihn also gewiss nicht glücklich gemacht.

Wozu ein Smartphone?

Epikur hat einige Kriterien zusammengestellt, um herauszufinden, was wir wollen: Inwieweit würde das, was wir wollen, unser Leben verbessern? Inwieweit würde sich unser Leben verschlechtern, wenn wir es nicht hätten? Wünschen Sie sich ein Smartphone, um mit Ihren Freunden zu kommunizieren oder um seine besonderen Möglichkeiten zu nutzen? Oder wollen Sie eines besitzen, weil jeder eines haben möchte und weil es cool ist, eines zu haben? Dieses Phänomen ist nicht neu. Schon der römische Dichter Lukrez beklagte im 1. Jahrhundert v. Chr., dass die Menschen sich lieber nach der landläufigen Meinung richteten, als selbst zu urteilen. Und Lukrez hatte noch kein Smartphone ...

Wie erlangt man Befriedigung?

Eine andere Art, nach Glück zu streben, ist die Befriedigung von Verlangen. Es ist nicht dasselbe, wie angenehme Erfahrungen zu machen, kann dies aber durchaus miteinschließen. Wenn Sie unzufrieden sind, weil Sie keine erfüllende Arbeit finden oder nicht die Beziehung führen, die Sie gerne hätten, sind Sie bestimmt nicht glücklich. Sie können aufgrund von hedonistischen Erfahrungen vorübergehend glücklich sein, aber Ihre allgemeine Unzufriedenheit bedeutet, dass Sie sich nicht als grundsätzlich glücklich betrachten. Was wir wollen, ist sehr unterschiedlich. Was den einen befriedigt, ist dem anderen zuwider. Um zu wissen, ob man zufrieden ist, muss man wissen, wonach man sich sehnt.

Die Glücks-Wunschliste

Ein anderes philosophisches Glücksmodell schlägt eine objektive Liste vor, mit der herausgefunden werden soll, was für das Wohlbefinden oder das gute Leben aller Menschen wichtig ist. Epikurs Aufzählung von Freunden, Freiheit und Verstand ist nur ein Beispiel. Er betrachtete sie als allgemeingültig. Nach Aristoteles streben alle Dinge danach, ihre Aufgabe zu erfüllen oder das zu tun, wozu sie am besten geeignet sind. Für uns bedeutet dies, unsere persönlichen Möglichkeiten umzusetzen. Für Aristoteles ist die Aufgabe des Menschen das rationale Denken, deshalb ist er am glücklichsten, wenn er ein vernünftiges Leben führt. Wer zu viele Laster hat (übermäßiger Alkoholgenuss, Faulheit usw.), kann demnach nicht wirklich glücklich sein. Wer im

rationalen Denken eingeschränkt ist, kann sein Glück auch durch Tugendhaftigkeit erreichen. Aristoteles ging davon aus, dass das Glück das Einzige ist, wonach wir um seiner selbst willen streben. Auch nach Wohlstand, Freundschaft oder Gesundheit streben wir, aber nur, weil wir glauben, dass wir dadurch glücklich werden.

Das Glück danach

Die Religionen beinhalten das Versprechen einer späteren, ewigen Glückseligkeit, auch wenn sich die Dinge im Hier und Jetzt noch nicht als gut erweisen. Darin mag zwar in schweren Zeiten ein Trost liegen, jedoch ist es nicht dasselbe wie das Glück. Nach Thomas von Aquin kann es auf Erden nur unvollkommenes Glück geben und am ehesten wird es durch ein besinnliches Leben in spiritueller Versunkenheit und Anbetung erreicht. Da wir das nicht immer vollständig umsetzen können, bleibt uns nur noch die Möglichkeit, unser Leben tugendhaft und zur Freude Gottes in den Dienst anderer zu stellen.

Macht Geld glücklich?

Es liegt nahe anzunehmen, dass man durch Geld glücklich wird. Man kann kaufen, was man möchte, tun, was man will, braucht weniger zu arbeiten und muss sich keine Sorgen machen. Etliche Studien haben jedoch gezeigt, dass die Dinge nicht so einfach liegen. Bis zu einem gewissen Punkt ist ein höheres Einkommen tatsächlich mit mehr Glück verbunden, doch darüber hinaus macht es keinen Unterschied mehr. Diese Schwelle liegt nicht besonders hoch – nach einer Studie liegt sie bei ca. 65 000 € Jahreseinkommen, nach einer anderen bei ca. 140 000 €. Es ist ausreichend, grundlegende Bedürfnisse zu befriedigen und Existenzängste zu beseitigen. Ein Überschuss zum Kauf von Yachten oder Privatflugzeugen macht keinen Unterschied. Eigentlich geht es darum, mehr Geld als andere zu haben. Auch der Traum vom großen Lotteriegewinn ist nicht der richtige Weg: Menschen, die ganz plötzlich reich geworden sind, sind zwar für kurze Zeit glücklicher, doch schon bald kehren sie zu ihrem gewohnten Glücksniveau zurück.

Losgelöst vom Niedergang

Ist kein Unglück dasselbe wie Glück? In schwierigen Lebensphasen scheint es das Beste zu sein, worauf man hoffen kann. Einige fernöstliche Religionen und Philosophien empfehlen loszulassen und einen Schritt zurückzutreten, zu beobachten und zu akzeptieren, was geschieht und wie wir uns dabei fühlen, uns jedoch keinesfalls von Ereignissen und Gefühlen beherrschen zu lassen. Einen ähnlichen Ansatz hatten die Stoiker im Alten Griechenland: Wir können zwar nicht verhindern, Schmerz oder Enttäuschung zu empfinden, doch wir haben einen Einfluss darauf, wie stark unser Gleichgewicht dadurch beeinträchtigt wird. Wenn durch Achtsamkeit die Auswirkung negativer Ereignisse und Gefühle abgemildert werden kann, dann gilt das ebenso für positive Dinge und Gefühle. Ob Sie sich für einen achtsamen Ansatz entscheiden, hängt vermutlich davon ab, ob Sie Gutes oder Schlechtes erwarten.

> ***„Tugend besteht in dem festen und dauerhaften Willen, alles möglichst gut zu machen und die ganze Kraft unseres Verstandes aufzubringen. Es ist das Einzige, was allein von unserem freien Willen abhängt. …***
>
> ***Glück ist vollständige Zufriedenheit des Geistes und innere Erfüllung, die der weise Mensch auch erreichen kann, ohne besonderes Glück zu haben. In welcher Tugend wir uns auch immer üben oder inwieweit wir unserem Verstand folgen, wir werden dadurch stets Befriedigung und Freude empfinden.“***
>
> Descartes (1645)

Tugendhaftigkeit macht glücklich

Wie wir gesehen haben, liegt der Weg zum Glück für Aristoteles in der Tugendhaftigkeit – wobei der Begriff „Tugend“ näher betrachtet werden sollte.

Aristoteles ordnete alle Verhaltensweisen auf einer Skala an, auf der Laster und Tugenden an den äußersten Enden liegen und Mäßigung in der Mitte angeordnet ist. Mut ist z.B. eine Tugend, die sich zwischen Feigheit und Leichtsinn befindet. Großzügigkeit liegt zwischen Geiz und Verschwendung.

Diese Ansicht haben viele Philosophen geteilt. „Alles in Maßen“, würden wir heute sagen.

Wenn wir tugendhaft leben – so die Theorie –, sind wir zumindest bis zu einem gewissen Punkt vor den Launen des Schicksals gefeit. Zwar können wir davon noch betroffen werden, jedoch liegt die Quelle der Sicherheit und Zufriedenheit in uns selbst und ist dadurch vor den schlimmsten Auswirkungen des Schicksals geschützt. Arthur Schopenhauer zweifelte daran, dass Glück für den Menschen möglich ist – wenn es dennoch existierte, wäre es der Inhalt des Lebens. Er nannte drei Punkte, die das Glück des Menschen ausmachten: was man ist, was man hat und was andere von einem denken. Der erste Punkt ist am wichtigsten, doch mit den beiden anderen beschäftigen sich die meisten Menschen mehr – und bemerken viel zu spät, dass sie vergleichsweise unwesentlich sind.

Pessimisten versuchen sich vor Enttäuschungen zu schützen, wobei ihnen die Vorfreude allerdings entgeht.

Halbvoll oder halbleer?

Nach der Standarddefinition sieht ein Optimist ein Glas als halbvoll, ein Pessimist als halbleer an. Diese Ansicht macht einen großen Unterschied im Hinblick auf unser Glückslevel und unsere Lebenserfahrung. Ein Pessimist ist meist sehr vorsichtig, weil er mit Schwierigkeiten rechnet und Risiken aus dem Weg geht. Ein Optimist geht Risiken ein, da er einen guten Ausgang der Dinge erwartet, und er ist eher bereit, den Hochs und Tiefs von Erfolg und Enttäuschung zu begegnen. Manche Menschen bevorzugen ein ruhiges Leben, andere streben nach neuen Erfahrungen, aber jeder dieser Wege kann zum Glück führen.

Kapitel 11

Möchten Sie ewig leben?

Wir verbringen unser Leben damit, dem Tod zu entgehen. Doch wäre ein unendliches Leben nicht viel schlimmer?

In den meisten Kulturen gibt es Geschichten über Menschen, die ewig leben, wie z.B. Vampire. Doch wäre es gut, ewig zu leben? Was haben wir davon, zu sterben?

Welchen Nutzen hat der Tod?

Die meisten Religionen legen nahe, den Tod gelassen zu akzeptieren oder sich ihm zu ergeben und bieten eine spirituelle Vorbereitung für einen „guten Tod". Warum? Einige ältere Menschen mögen vielleicht für den Tod bereit sein, doch viele, insbesondere junge Menschen, sind es nicht und lehnen sich dagegen auf – eine natürliche Reaktion. Wir lehnen uns dagegen auf, weil wir noch so viele Dinge zu tun, Worte

„Dies ist, wenn Sie so wollen, unser Fluch. Das ist der Preis dafür, dass wir so unglaublich schlau sind. Wir leben mit dem Wissen, dass eines Tages das Schlimmste passieren kann und wird … Jeder von uns lebt im Schatten der eigenen Apokalypse.

Dem Tod zu entgehen ist die Basis menschlichen Strebens. Es ist der Ursprung der Religion, die Muse der Philosophie, der Architekt unserer Städte und der Antrieb der Kunst."

Stephen Cave, englischer Philosoph (2012)

„Doch hinter mir höre ich stets die Kutsche der Zeit, die näher kommt; und dort drüben liegen vor uns die Wüsten der Ewigkeit."

Andrew Marvell (1621–1678)

„Morgen", sagte Kröte. „Ich werde alles morgen machen."

Arnold Lobel, *Das große Buch von Frosch und Kröte*, 1979

zu sagen und Menschen zu lieben haben. Wir wollen nicht, dass uns die Zeit ausgeht.

Der deutsche Philosoph Martin Heidegger schrieb 1927, dass das Gewahrsein der Sterblichkeit das menschliche Bewusstsein niederdrücke. Er bezeichnete „Dasein" als den Zustand des Individuums in der Welt. Wir werden bestimmt und begrenzt durch unser Eingebundensein in Zeit und Raum. Ein Aspekt dieses Eingebundenseins ist unsere begrenzte Lebensspanne, was uns Angst und Entsetzen bereitet. Heidegger glaubte nicht an Gott, doch auch wenn er es getan hätte, hätte Gott in diesem System keine Rolle gespielt. Wir müssen uns selbst überlegen, wie wir unsere begrenzte Lebenszeit verbringen wollen, und uns dann vernünftig entscheiden, da wir keine zweite Chance erhalten. Der Tod bündelt den Geist auf wunderbare Weise.

Das Gewahrsein unseres Todes zwingt uns zu der Entscheidung für das, was uns wichtig ist. Heidegger unterschied zwischen einer authentischen und einer nicht-authentischen Lebensweise, wobei sich ein authentisches Leben dadurch auszeichnet, dass wir in Übereinstimmung mit unseren Werten und Entscheidungen leben. Oftmals führen wir aufgrund äußerer Umstände ein nicht-authentisches Leben oder wählen den Weg des geringsten Widerstandes, also eine verdrehte Form von Authentizität. Wenn wir alle Zeit der Ewigkeit hätten, um unsere Ziele umzusetzen, so wären es keine wirklichen Ziele. Alle Entscheidungen wären bedeutungslos, weil ja die Zeit für alles bliebe. Es ist die Gewissheit des Todes, die dem Leben Bedeutung gibt.

„Nur noch einen Augenblick, Herr Henker, ich bitte Sie!", waren die letzten verzweifelten Worte von Madame du Barry, die während der Französischen Revolution 1793 enthauptet wurde.

Die unliebsame Botschaft

Seit Tausenden von Jahren suchen Magier und Wissenschaftler nach dem Elixier des Lebens, ein magischer Trunk, der uns wieder jung machen und ein ewiges Leben ermöglichen soll. Mittlerweile verfügen wir über eine abgeschwächte Variante in Form von Cremes, Tabletten und Nahrungsergänzungsmitteln, die die Uhr anzuhalten versprechen und uns angeblich jung aussehen lassen. Wer mehr Geld als Verstand hat, nutzt die Kryotechnik (das „Einfrieren"), um in der Zukunft wiederaufzuerstehen. Die Suche nach dem ewigen Leben oder zumindest nach einem etwas längeren Leben ist vermutlich so alt wie die Menschheit selbst.

Viele Religionen versprechen ewiges Leben nach dem Tod und es soll angeblich ganz nett sein. Allerdings war das Versprechen eines Lebens nach dem Tod früher vermutlich verlockender als heute.

Wenn die meisten Menschen ein kurzes Leben unter Leiden und harter Arbeit fristen, ist die Vorstellung von einem Leben danach als Entschädigung wohl sehr verlockend. Aber ist es nicht nur gierig, immer mehr haben zu wollen? Wir können ebenso durch unsere Kinder weiterleben oder indem wir ein Werk hinterlassen, das die Zeit überdauert. Vielleicht ist das der natürliche Weg zum ewigen Leben.

Epikur sagte, dass die Angst vor dem Tod zwar natürlich, aber nicht vernünftig sei: *„Der Tod ist ein Nichts für uns. Denn wenn wir hier sind, ist er nicht hier. Und wenn der Tod hier ist, sind wir nicht hier."*

Epikur

Manche Menschen geben viel Geld dafür aus, sich nach dem Tod einfrieren zu lassen, weil sie in der Zukunft nach dem Auftauen vielleicht weiterleben könnten. Aber wollten Sie in einer veränderten Welt weiterleben, in der alle Ihre Lieben verstorben sind? Und warum sollten die Menschen in der Zukunft ein Interesse daran haben, jemanden aus dem 21. Jahrhundert aufzutauen?

Wozu soll das Leben gut sein?

„All die Arbeit, die im Laufe der Zeit geleistet wurde, all die Hingabe, all die Inspiration, all der Glanz der menschlichen Genialität sind

„Das Geheimnis der menschlichen Existenz liegt nicht darin, einfach nur zu leben, sondern etwas zu finden, für das es sich zu leben lohnt.“
Fjodor Dostojewski (1880)

mit dem Tod des Sonnensystems dem Untergang geweiht, und der ganze Tempel menschlicher Errungenschaften muss unweigerlich begraben werden neben den Trümmern des Universums.“
Bertrand Russell

Einmal wurde Bertrand Russell von einem Londoner Taxifahrer gefragt: „Wofür ist das alles gut?“ Vermutlich war es nicht der passende Ort, um so eine Frage zu stellen ... Aber wenn wir sterben und alles wieder zu Staub wird, welchen Sinn hat dann das Leben? Mit dieser Frage hat sich der Absurdismus auseinandergesetzt (siehe *Sein oder nicht sein?* Seite 183) .

Man kann sich der Frage nach dem Sinn des Lebens auf zwei Weisen annähern. Die eine ist, ob ein Sinn überhaupt nötig ist. Die andere ist, den Sinn zu benennen.

Wir können mehrere Tage damit verbringen, die verschiedenen Möglichkeiten für einen Sinn des Lebens durchzugehen. Die meisten Philosophen kommen jedoch früher oder später an den Punkt, dass wir nicht wissen können, ob es einen Sinn gibt – also leben wir das Leben so gut wie eben möglich! Camus traf den Nagel auf den Kopf, als er sagte: *„Es gibt nur ein wirklich ernstes philosophisches Problem: den Selbstmord.“* Seiner Meinung nach müssen wir mit dem Leben weitermachen, auch wenn wir nicht wissen, warum.

Wenn Sie in Ihrem Leben einen Sinn sehen (vielleicht aufgrund eines religiösen Glaubens), werden Sie diese Frage gar nicht stellen. Wenn nicht, werden Sie sich den philosophischen Antworten anschließen, die darauf am häufigsten gegeben werden: sich möglichst treu zu bleiben, ein möglichst gutes Leben zu leben, zu tun, was richtig ist (siehe *Macht uns ein neues Smartphone glücklich?* Seite 70). Das „Gute“ ist das, was wir daraus machen.

„Der Tod ist kein Ereignis des Lebens. Den Tod erlebt man nicht. Wenn man unter Ewigkeit nicht unendliche Zeitdauer, sondern Unzeitlichkeit versteht, dann lebt der ewig, der in der Gegenwart lebt. Unser Leben ist ebenso endlos, wie unser Blickfeld grenzenlos ist.“
Ludwig Wittgenstein (1921)

Kapitel 12

Kann man sich aussuchen, an Gott zu glauben?

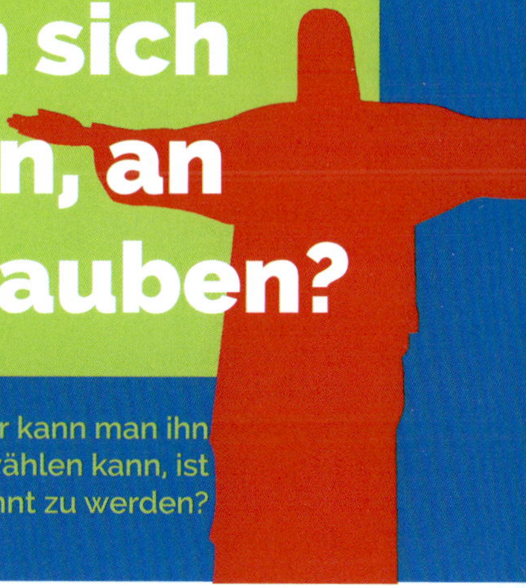

Ist Glaube ein Geschenk oder kann man ihn wählen? Wenn man ihn nicht wählen kann, ist es dann gerecht, dafür belohnt zu werden?

„Wenn ich keine Anzeichen für das Göttliche hätte, würde ich es verleugnen. Würde ich überall die Spuren des Schöpfers sehen, würde ich im Glauben verharren. Da ich aber zu viel sehe, um ihn zu verneinen, und zu wenig, um mir seiner sicher zu sein, bin ich in einem beklagenswerten Zustand, und ich wünsche mir hundertmal, dass sich ein Gott, der die Natur erhält, unzweifelbar offenbart."

Blaise Pascal (1669)

Das folgende Kapitel beschäftigt sich nicht mit der Frage, ob Gott existiert – diese Frage ist zu schwierig oder aber auch zu einfach, da sie sich nur mit „Ja" oder „Nein" beantworten lässt. Jedoch gibt es kein logisches Argument, mit dem wir die Antwort auf ihre Richtigkeit hin überprüfen könnten. Der Verstand sagt „Nein", der Glaube sagt „Ja". Die entscheidende Frage ist, ob der Glaube wählbar ist.

Die Pacal'sche Wette

Eine der berühmtesten philosophischen Argumentationen ist die Pascal'sche Wette. Angesichts der Unsicherheit, ob wir an Gott glauben sollen oder nicht, wägt er die Vor- und Nachteile

Welchen Gott wählen Sie?

Die Pascal'sche Wette beinhaltet einen schwerwiegenden Fehler, wie Denis Diderot rund 100 Jahre später aufzeigte. Pascal hätte eigentlich nicht nur wählen müssen, ob er an Gott glauben sollte oder nicht, sondern auch, an welchen Gott. Wenn er sich den falschen Gott aussuchte, wären die mit Beten verbrachten Stunden vergeblich und er dennoch auf ewig verdammt gewesen.

des Glaubens bzw. Nicht-Glaubens gegeneinander ab.

- Wenn Gott nicht existiert und wir an ihn glauben, leben wir ein tugendhaftes Leben, vergeuden etwas Zeit mit Beten und geraten irgendwann mit dem Tod in Vergessenheit.
- Wenn Gott existiert und wir nicht an ihn glauben, können wir die Zeit in Zügellosigkeit verbringen, verlieren unsere unsterblichen Seelen jedoch in ewiger Verdammnis und Qual.

„Wenn du gewinnst, gewinnst du alles; wenn du verlierst, verlierst du nichts."

Alles in allem ist es am besten, ein paar Stunden zu beten und gute Taten zu vollbringen: *„Ich sollte mich mehr davor fürchten, mich zu irren und festzustellen, dass die Christen recht haben, als mich darin zu irren, dass es richtig ist, zu glauben."*

Doch ist das aufrichtig? Ist Glaube wählbar? Vielleicht für Pascal, weil er zweifelte. Die Wette war für ihn ausschlaggebend, um sich auf die Seite der Gläubigen zu stellen. Ist es möglich, sich als Nicht-Gläubiger für den Glauben zu entscheiden?

In den Glauben geboren

Eigentlich ist es ganz einfach. Als Europäer wird man in die christliche oder vielleicht die jüdische Tradition hineingeboren. Von Kindesbeinen an wird sie nicht in Frage gestellt: Es gab und gibt viele Menschen, für die die Existenz Gottes so selbstverständlich ist wie die Existenz der Luft. Sie entscheiden sich ebenso wenig, zu glauben oder nicht, wie zu atmen.

> *„Weder versuche ich zu verstehen, dass ich glauben kann, noch glaube ich, dass ich verstehen kann. Deshalb glaube ich, dass ich nicht verstehen kann, bevor ich nicht glaube."*
> Anselm, um 1077

Erzwungene Entscheidungen

William James, Bruder des bekannten Schriftstellers Henry James, erachtete den Glauben an Gott als „erzwungene Entscheidung" – eine, die wir fällen müssen, egal ob dagegen oder dafür, weil keine dazwischenliegende Position möglich ist. Er sah das ganze Leben als mit Entscheidungen gefüllt, von denen einige erzwungen (also unvermeidlich) und einige folgenschwer (wegen der großen Auswirkungen auf das Leben) sind. Die Entscheidung zum Glauben oder Unglauben war seiner Meinung nach sowohl erzwungen als auch folgenschwer. Er sah keinen Grund für die Entscheidung zur Ungläubigkeit, weil Religion dem Leben einen Sinn verleihe und für moralische und psychologische Struktur sorgt – neben dem verlockenden Bonus eines Lebens nach dem Tod, natürlich.

Vernunft und Glauben

Zwischen Vernunft und Glauben besteht eine angespannte Beziehung. Einige Denker hielten es für absolut vernünftig, an Gott zu glauben und versuchten, seine Existenz durch rationale Argumente zu verteidigen – was aber nicht funktioniert. Denn für die Existenz Gottes gibt es in der Philosophie kein unumstößliches rationales Argument – aber ist es nicht genau das, worum es geht? Voltaire hingegen sagte, der Glaube sei eine Sache der Vernunft: *„Was ist Glauben? Zu glauben, was offensichtlich ist? Nein. Es ist die Offensichtlichkeit für meinen Geist, dass es ein notwendiges, ewiges, erhabenes und intelligentes Wesen gibt. Dies ist keine Frage des Glaubens, sondern der Vernunft."*

Die „Offensichtlichkeit für meinen Geist" ist im Wesentlichen eine Äußerung des Glaubens. Es kann offensichtlich sein, wenn es durch die Vernunft und vernünftige Argumente überprüft wird. Und der einzige Grund für einen logischen Beweis der Existenz Gottes ist die Überzeugung derer, die nicht glauben oder deren Glaube ins Wanken geraten ist – Menschen wie Pascal! Um fair zu sein: Für Voltaire unterlag das Universum unveränderlichen Gesetzen (die wir physikalische Gesetze nennen), die jedoch noch

Der Weg zur Erkenntnis

Wir werden nicht alle in den Glauben hineingeboren. Mancher findet seine Religion später und einige Menschen wechseln sie aufgrund von Überzeugung oder Begeisterung mehrmals im Leben. Der amerikanische Genetiker George Price hatte ein intensives religiöses Erlebnis, nachdem er erkannt hatte, dass es in seinem Leben zu viele Fügungen gegeben hatte. Er konnte sich diese nur durch Gott erklären und konvertierte zum Christentum. In diesem Fall war es die Vernunft, die ihn zum Glauben brachte.

nicht vollständig erklärt werden können. In diese Kategorie fällt eben auch Gott. So ist es also vielmehr eine Frage der Vernunft jenseits unserer derzeitigen Fähigkeiten als ein unlösbares Rätsel.

Der niederländische Humanist Erasmus kritisierte die Kirche im 16. Jahrhundert dafür, dass sie die Religion durch unnötige Rituale und Vorschriften vernebelte – und er kritisierte die Angehörigen des Klerus dafür, dass sie auf dem Weg in die Hölle darüber diskutierten, mit wie vielen Knoten sie ihre Sandalen zubanden. Erasmus empfand, dass die einfache, von Herzen kommende Verehrung auf der Grundlage eines tiefen Vertrauens zu Gott völlig ausreichte. Der Glaube an Gott war für ihn eine Art „herrliche Torheit" – Torheit, weil etwas als wahr betrachtet wird, was der Vernunft zu widersprechen scheint. Auch Søren Kierkegaard sah den Glauben als „Vertrauensvorschuss" und als Gegensatz zur Vernunft. Wenn wir Gott erklären könnten, bräuchten wir kein Vertrauen, wodurch der Glaube bedeutungslos würde.

Wie schmeckt Tonicwater?

Wer nicht glaubt, hat keine Wahl. Manche Menschen können den Geschmack von Tonicwater wahrnehmen, andere nicht. Ob man den bitteren Geschmack des darin enthaltenen Chinins schmecken kann, ist eine Frage der Erbanlagen. Wenn man ihn nicht schmecken kann, wird man es auch in Zukunft nicht können. Verhält es sich mit dem Glauben genauso? Wenn Sie nicht „automatisch" glauben, sind Sie dann vom Himmelreich ausgeschlossen (vorausgesetzt, es gibt eines)? Wäre das nicht ungerecht? Vielen religiösen Lehren zufolge sind alle guten

Taten, freundliche Gedanken und auch alle Frömmigkeit nutzlos ohne den Glauben. Wenn Sie Katholik sind und die Protestanten haben recht – wehe Ihnen! Wenn Sie Sunnit sind und die Schiiten haben recht – wehe Ihnen! Und wenn die polynesischen Haifischanbeter recht haben – wehe den meisten von uns!

Johannes Calvin zufolge hat Gott schon alle auserwählt, die gerettet werden. Nach etwas liberaleren Lehren sind wir alle in der Lage, dem Heiligen Geist (oder einem anderen Glaubensbringer) den Boden zu bereiten.

Wer entscheidet?

Die Einstellung zu Gott gilt in der modernen westlichen Welt überwiegend als eine individuelle Angelegenheit. Der deutsche Philosoph Friedrich Nietzsche (1844–1900) wandte sich gegen die Religion – insbesondere gegen das Christentum –, weil er darin eine Art gemeinschaftliche Vermeidungsstrategie gegenüber der Auseinandersetzung mit wichtigen sozialen Themen sah. Seiner Ansicht nach unterstützen Religionen, die aus Armut, Bescheidenheit oder Sanftmut eine Tugend machen, dadurch gesellschaftliche Systeme, die die sozial Schwachen unterdrücken. Er nannte sie „Sklavenmoral", weil sie die Eigenschaften, die die Ausbeutung von Menschen fördern, zur Moral erheben. Sklaven wurden von der Rebellion gegen ihre Lebensbedingungen abgehalten, indem man ihnen ein besseres Leben nach dem Tod (das nach Nietzsche nicht existiert) versprach. Es ist vergleichbar mit einer Versicherung, die niemals ausbezahlt wird – man bemerkt den Betrug erst dann, wenn es schon zu spät ist.

Auch der Psychoanalytiker Sigmund Freud sah in der Religion einen Hintergedanken: die unterbewusste Suche nach Geborgenheit. Die Menschen sehnten sich nach einer Vaterfigur, die sie mit der Grausamkeit des Schicksals versöhnte und sie für ihre Leiden durch die Zivilisation entschädigte. Sowohl nach Nietzsche als auch nach Freud gelangen die Menschen nicht durch den Glauben zu Gott, sondern durch ihr Bedürfnis nach Wohlbehagen angesichts von Ungerechtigkeit und Leid. Es ist nicht der Glaube, der sie antreibt und es ist ebenso wenig ihre Entscheidung, sondern sie ergreifen damit den Strohhalm der Religion, ohne viel darüber nachzudenken.

Kapitel 13

Hat ein Hund eine Seele?

Haben Sie schon einmal in die Augen eines Hundes geschaut und gedacht, er habe eine Seele?

Was ist eine Seele?

Menschen mit einem religiösen Glauben betrachten die Seele zumeist als Verbindung zwischen dem Menschen und einer Gottheit oder einem Schöpfer. In den Religionen, die sich auf Abraham als Stammvater beziehen, ist die Seele der gottähnliche Teil des Menschen, der danach strebt, wie Gott zu sein oder zu Gott zurückzukehren, eine Art Abglanz des Heiligen Geistes. Aus nicht-religiöser Sicht ist die Seele etwas, das nach Selbsterkenntnis oder Bewusstsein strebt – oder nach einem Teil der universalen Seele (siehe *Gibt es einen Geist in der Maschine?* Seite 48).

Gott soll wählen

Für religiöse Menschen hat Gott schon darüber entschieden, ob Tiere eine Seele haben. Religiöse Texte hingegen sind oftmals rätselhaft, lassen einen großen Interpretationsspielraum und sind widersprüchlich in ihren Aussagen. Die Bibel ist hinsichtlich der Frage, ob Tiere eine Seele haben, nicht völlig klar: In der Passage über die *Entrückung*, in der Christus auf die Erde zurückkehrt, wird lediglich vermutet, dass Tiere eine Seele haben:

„Wer weiß, ob der Atem der einzelnen Menschen wirklich nach oben steigt, während der Atem der Tiere ins Erdreich hinabsinkt."

Kohelet 3:21

Im Islam haben die Tiere keinen freien Willen. Sie werden nicht nach ihren Handlungen gerichtet und ins Himmelreich eingelassen. Der freie Wille ist ein Wesensmerkmal des Beseeltseins.

René Descartes (1596–1650) sah den Körper als mechanische Einheit, die von einer Seele bewohnt wird. Seiner Meinung nach hatten nur die Menschen eine Seele. Tiere hingegen waren leere und seelenlose Maschinen.

Nach der Entrückung

Verschiedene Organisationen, sowohl kommerzielle als auch freiwillige, bieten an, sich nach der Entrückung der Christen um deren Haustiere zu kümmern. Ihre Arbeit beruht auf der Annahme, dass Haustiere keine Seelen haben und somit auch nicht entrückt werden.

Die gebrauchte Seele

Der Buddhismus stattet auch die Menschen nicht mit einer eigenen Seele aus, sondern lässt sie an einer Universalseele teilhaben. Eine ähnliche Ansicht vertrat Baruch Spinoza, für den die gesamte Schöpfung von einem einzigen Geist bewohnt war - weshalb er als Ketzer beschuldigt und vom jüdischen Glauben ausgeschlossen wurde. Der Buddhismus und Spinozas Ansatz lassen jedem von uns - und auch jedem Hund - ein kleines Stück der Universalseele zuteil werden, das jedoch weder Autonomie noch unabhängiges Dasein beinhaltet.

Wer an Seelenwanderung – eine Seele bewohnt einen Köper nach dem anderen – glaubt, für den hat auch ein Hund eine Seele. Und die Seele ist nicht artspezifisch: Sie kann in einem Leben

> ***„Als er einmal sah, wie ein Welpe geschlagen wurde, hatte er Mitleid mit ihm und sagte: ‚Hört auf, ihn zu schlagen, denn aus seinem Kläffen erklingt die Seele eines Menschen, der mir lieb ist.'"***
>
> Pythagoras über Xenophanes (570–475 v. Chr.)

einen Menschen, im nächsten einen Hund, einen Pinguin oder eine Wespe bewohnen. Im 5. Jahrhundert v. Chr. berichtete Herodot, dass die alten Ägypter glaubten, die Seele würde jedes Mal in einem anderen Tier wiedergeboren werden und erst nach 3000 Jahren erneut in einen menschlichen Körper zurückkehren. Für Platon und Pythagoras bewohnt die Seele den Körper nur für kurze Zeit und kehrt nach dem Tod des Körpers in das Reich der Seelen zurück, bis sie einen anderen Körper bewohnt – gleichgültig ob menschlich oder tierisch. In diesem System ist die Seele eines Hundes der eines Menschen gleichgestellt.

Sind Tiere anders?

Die Seele wurde oftmals als Ursache von Bewusstsein, Selbsterkenntnis und Moral erachtet, als Fähigkeit zu Vorstellung, Sprache, Empathie, abstraktem Denken, Gewissen, Leidenschaft oder Hoffnung. Viele dieser Eigenschaften oder Fähigkeiten unterscheiden den Menschen traditionell vom Tier. Wenn sich der Mensch aufgrund der Seele vom Tier unterscheidet, wer legt dann fest, dass eine Seele durch ihre Zugehörigkeit zum Menschen und nicht zum Tier definiert wird? Daraus entsteht der Zirkelschluss, dass ein Hund keine Seele haben kann, nur weil er ein Hund ist: Eine Seele ist etwas, das Hunde nicht haben.

Tierpsychologie und Verhaltensforschung gewinnen immer neue Erkenntnisse, durch die die jahrhundertealte Annahme, der Mensch und sein Gehirn seien etwas Besonderes, in Frage gestellt wird. Wir erkennen zunehmend, dass auch Tiere intelligent und lernfähig sind. Einige zeigen Neigungen, die als Mitleid, Gerechtigkeit oder Selbstlosigkeit bezeichnet werden können – und das nicht nur innerhalb der eigenen Art. Der Neurowissenschaftler Jean Decety hat festgestellt, dass Ratten auch ohne Belohnung andere Ratten aus einer Falle zu befreien versuchen und dass sie sogar eine andere Ratte rechtzeitig befreien, um einen Leckerbissen mit ihr zu teilen, den sie ansonsten hätten allein auffressen können. Affen entriegeln einen Käfig und befreien einen anderen Artgenossen, um die Nahrung mit ihm zu teilen. Und schon seit dem Altertum kennt man Geschichten über in Seenot geratene Matrosen, die von Delfinen gerettet wurden, oder von Kindern, die von wilden Tieren aufgezogen wurden.

Auch wird allgemein davon ausgegangen, dass nur Menschen Kunst schaffen oder sich schuldig fühlen können, Fantasie oder Hoffnung haben können sowie eine Vorstellung von sich selbst und der geistigen Welt anderer. Dafür gibt es jedoch keinen Beweis. Wir *wissen* einfach nicht, ob all das auch für Tiere zutrifft. Und wenn sie dazu in der Lage sind, haben sie dann eine Seele?

Die beseelte Tierwelt

In der westlichen Welt gehen Menschen häufig eine sehr enge Beziehung mit Hunden ein – in etwas geringerem Maße auch mit Katzen und Pferden. Das sagt nicht viel über Hunde (oder Katzen und Pferde) aus, sondern vielmehr über uns Menschen und unsere Einstellung zu den Tieren. Wir projizieren unsere Wünsche und Fantasien auf die von uns bevorzugten Tiere.

Es gibt noch intelligentere Tiere als Hunde, die ebenso ein Empathievermögen haben (z. B. Ratten) und zu selbstlosem Verhalten und zum Teilen fähig sind. Wenn ein Hund eine Seele hat, dann ebenso ein Delphin und ein Gorilla. Auch andere Tiere haben Eigenschaften, die wir mit der Seele in Verbindung bringen – Hunde sind in dieser Hinsicht nichts Besonderes. Hat nicht auch ein Eisbär, eine Giraffe, ein Walross oder ein Ameisenbär eine Seele?

Und warum sollten nur Säugetiere eine Seele haben? Auch Rabenvögel sind intelligent, bleiben ihrem Partner ein Leben lang treu und leiden, wenn sie ihn verlieren. Vielleicht haben auch Vögel eine Seele. Und was ist mit Fischen, Insekten oder Amöben? Wie tief können wir das Niveau ansetzen?

Der englische Philosoph William Kingdon Clifford setzte die Grenze sehr tief an. Er sah keinen Anhaltspunkt dafür, dass die Evolution einen Übergang vom Nicht-Bewusstsein zum Bewusstsein vollzogen hätte und nahm daher für alle Lebewesen eine Art primitives Bewusstsein an, das sich dann im Lauf der Evolution entwickelte: *„Keiner kann in der Abstammungslinie einen Punkt ausmachen, an dem dieses Ereignis stattgefunden haben könnte. Wenn wir der Evolutionstheorie zustimmen, können wir nur davon ausgehen, dass selbst ein Organismus der untersten Stufe – ja sogar die Amöbe, die in unserem Blut umherschwimmt – etwas unfassbar Einfaches besitzt, das dem Wesen nach unserem Bewusstsein gleichkommt."* (Clifford war sehr intelligent. Er nahm in den 1870er-Jahren in einer Schrift über den gekrümmten Raum Einsteins Relativitätstheorie vorweg. Leider starb er bereits mit 33 Jahren und überließ damit Einstein die Bühne.)

Aristoteles' Seelenmodell

Nach Aristoteles haben nur die Menschen eine voll ausgestattete Seele. Darauf folgen in der Hierarchie die Tiere und danach die Pflanzen.

1. **Seele des Menschen: rationales Denken, Bewegung, Wahrnehmung, lebenserhaltende Funktionen**
2. **Seele der Tiere: Bewegung, Wahrnehmung, lebenserhaltende Funktionen**
3. **Seele der Pflanzen: keine selbstständige Bewegung, lebenserhaltende Funktionen**

Macht es einen Unterschied?

Abgesehen von dem vagen Gefühl einiger Hundebesitzer, ihr Haustier müsste eine Seele haben – spielt es denn eine Rolle, ob Tiere eine Seele haben? Macht es einen Unterschied, ob ein Tier eine Seele hat oder nicht? Vielleicht würden wir die Tiere anders behandeln, wenn wir sicher wüssten, dass sie eine Seele haben. Die meisten Menschen fühlen sich gegenüber Menschen stärker verpflichtet als gegenüber Tieren, gegenüber großen, möglicherweise intelligenten Tieren stärker als gegenüber Schnecken oder Ohrenkneifern und gegenüber Tieren stärker als gegenüber Pflanzen. Wenn wir wüssten, dass Tiere eine Seele haben, würden wir dann barmherziger und respektvoller mit ihnen umgehen? Würden wir sie dann noch essen, züchten, sie als Versuchstiere, in Zoos oder als Haustiere halten?

Würden wir uns gegenüber Menschen und Tieren gleichermaßen verpflichtet fühlen, wenn wir wüssten, dass Tiere eine Seele haben und somit die Fähigkeit zu denken, zu leiden und sich in andere hineinzuversetzen? Da wir es nicht wissen, sollten wir dann nicht besser einfach davon ausgehen?

Haben Bohnen eine Seele?

Über Pythagoras wird gesagt, er habe keine Bohnen gegessen und wäre lieber gestorben, als sich vor seinen Verfolgern in einem Bohnenfeld in Sicherheit zu bringen, da er dabei viele Pflanzen zertreten hätte. Einer der Gründe war wohl, dass er den Bohnen bei der Seelenwanderung eine wichtige Rolle zuschrieb: Den Bohnenstängel sah er als eine Art Kanal, durch den die Seelen der Verstorbenen wandern.

In Japan wurden Krähen dabei beobachtet, wie sie Nüsse auf die Straße warfen, damit sie durch die darüberfahrenden Autos geknackt werden. Sie warfen sie sogar auf den Fußgängerüberweg und warteten auf dessen Grünphase, um die geknackten Nüsse aufzupicken.

Kapitel 14

Können Sie sagen, was Sie meinen und meinen, was Sie sagen?

„Dann solltest du sagen, was du meinst“, sprach der Hase weiter. „Das tue ich ja“, warf Alice schnell ein, „wenigstens – wenigstens meine ich, was ich sage – und das ist dasselbe.“ „Nicht im geringsten dasselbe!“, sagte der Hutmacher.

Lewis Carroll, *Alice im Wunderland* (1865)

Im Laufe der letzten hundert Jahre haben die Philosophen ein großes Interesse an der Sprache entwickelt: daran, was wir sagen können, wie die Worte mit ihrer Bedeutung verknüpft sind und wie wir die Sprache, die von jemand anderem gesprochen wird, verstehen können. Da alle philosophischen Konzepte mittels Sprache vermittelt werden, hatte die sogenannte „linguistische Wende“ einen großen Einfluss darauf, was gesagt und wie es gesagt wurde und führte zu der Überlegung, was überhaupt gesagt werden kann. Begrenzt die Sprache unser Denkvermögen oder sogar alles, was existiert?

Das Ding ist nur ein Wort

Das Universalienproblem – also ob es Allgemeinbegriffe wie „Gerechtigkeit", „Kindheit", „Wut" oder „Rot" wirklich gibt – ist eine der ältesten philosophischen Fragestellungen zur Sprache. Einige Philosophen, die Nominalisten, sind der Ansicht, dass diese abstrakten Begriffe nur ihrem Namen nach existieren. Es gibt kein „Ding" wie Wut, sondern nur ein Verhalten, dass sich als Wut äußert sowie das Wort „Wut". Andere Philosophen, die Realisten, glauben hingegen, die Wut existiere unabhängig von dem Wort – die Menschen hätten Wut auch unabhängig davon, ob es ein Wort dafür gibt. Unter den Realisten wiederum vertrat Aristoteles die Ansicht, die Allgemeinbegriffe existierten nur so lange, wie es auch ein Beispiel dafür gäbe, wohingegen andere meinten, sie würden auch unabhängig davon existieren. Für den Idealisten Plato gab es Wut auch ohne wütende Menschen, da es eine „Idee" (oder ein Ideal) dafür gab.

Was bedeuten die Worte?

Die Frage, wie Worte und Bedeutung zusammenkommen, interessierte auch den deutschen Philosophen Ludwig Wittgenstein. Für ihn waren Worte dadurch definiert, wie sie verwendet wurden. Wenn wir ein Wort unterschiedlich verwenden, erhält es auch eine andere Bedeutung. Als die jungen Leute das Wort „*cool*" zu benutzen begannen, meinten sie damit etwas anderes als „nicht besonders warm". Die Bedeutung dieses Wortes veränderte sich, um seiner neuen Verwendung zu entsprechen. Dies war für Wittgenstein ein Wendepunkt. In seinen ersten Arbeiten über die Sprache war er noch davon ausgegangen, dass wir die Sprache verwenden, um die Welt abzubilden. Das gelingt uns aber nur dann,

wenn die Bedeutung der Worte in Bezug auf die Dinge in der Welt unveränderbar ist. Später kreiste sein Denken um Sprachspiele, bei denen die Teilnehmer die Bedeutung der Worte auf der Grundlage ihrer Verwendung herausarbeiten mussten.

Abgesehen von Wittgensteins Dilemma – gibt es einen Zusammenhang zwischen einem Wort und seiner Bedeutung, oder besteht jedes Wort nur in einem willkürlichen Klangbild, dem wir eine Bedeutung zugeordnet haben? Gibt es einen Grund, warum mit „Hund" ein hundeartiges Säugetier und nicht etwa ein Eiszapfen oder ein Vergaser gemeint ist? Während es logische Beziehungen zwischen Worten gibt, wie z.B. zwischen Eis und Eiszapfen, so besteht nur bei einigen wenigen lautmalerischen Worten eine bedeutsame Beziehung zwischen Wort und Ding bzw. Lautbild und Vorstellung, wie sie von den Sprachwissenschaftlern genannt werden. Für Ferdinand de Saussure, der diese Begriffe prägte, war das gesprochene Wort das Lautbild oder das Bezeichnende, während das geschriebene Wort die Vorstellung oder das Bezeichnete war. Der Klang, den wir mit dem Buchstaben „t" assoziieren, ist das Bezeichnende, der Buchstabe „t" das Bezeichnete. Der Klang „t" ist aber selbst Teil eines Klangmusters, das wir als Wort denken (nämlich „Tee"), und das Wort ist ein Bezeichnetes, das wir so interpretieren, dass es etwas bedeutet (die Idee oder das Ding, das bezeichnet wird). Das Wort „Baum" hat nicht die absolute Bedeutung „Baum", doch wir stimmen dem allgemein zu, dass damit die Vorstellung „Baum" gemeint ist, wenn wir dieses Wort sehen oder hören.

Bedeutung im Wandel

Worte haben oft einen umfangreichen kulturellen Kontext. Dieser kann sich im Lauf der Zeit wandeln und die Bedeutung von geschriebenen Texten im Nachhinein verändern. Denken Sie beispielsweise an den Namen „Adolf", den die meisten Menschen unweigerlich mit Hitler in Verbindung bringen. Wenn Sie eine Geschichte schreiben und die Hauptfigur Adolf nennen, werden die Leser bestimmte Erwartungen an die Geschichte haben, die Sie entweder erfüllen oder enttäuschen, je nachdem, wie Sie Adolfs Charakter entwickeln. Das Wort „*gay*" (englisch für fröhlich, unbekümmert) wurde bis zur Mitte des 20. Jahrhunderts mit der Bedeutung „fröhlich“ und „etwas flatterhaft“ verwendet, heute hat es vorwiegend die Bedeutung „homosexuell“. Niemand kann dieses Wort noch in seiner ursprünglichen Bedeutung verwenden, ohne die spätere Färbung. Dies wirkt sich sogar rückwirkend aus, sodass unser Verständnis eines Romans von 1920 von der modernen Bedeutung der Worte beeinflusst ist.

Der britische Philosoph John Austin (1911–1960) unterschied drei Typen von „Sprechakten“ (alles, was mit Worten ausgedrückt werden kann): der lokutionäre, der illokutionäre und der perlokutionäre Sprechakt. Ein lokutionärer Sprechakt sagt uns etwas über die Welt. Ein illokutionärer Sprechakt kann eine Frage, eine Anweisung oder ein Versprechen sein und geht somit über seine informative Funktion hinaus. Ein perlokutionärer Sprechakt beinhaltet auch eine Tat: z.B. bei einer Trauung zu sagen „Ja, ich will“ repräsentiert den Tatbestand des Heiratens. Um wirklich zu verstehen, was Worte bedeuten, muss jeder der Betroffenen den kulturellen Zusammenhang kennen, in dem sie verwendet werden.

Wissen Sie, was ich meine?

Manche Menschen sehen die Farbe Türkis als einen Blauton an, andere als einen Grünton. Wird diese Farbe verschieden wahrgenommen oder werden die Worte hier auf unterschiedliche Weise verwendet? Wir können uns nicht sicher sein, dass wir Rot und Gelb auf die gleiche Weise wahrnehmen, doch stimmen wir darin überein, die Farbe des Blutes „Rot“ zu nennen. Ebenso haben wir unterschiedliche Vorstellungen davon, was wir mit Ärger, Liebe oder Angst meinen. Die Bedeutung von dem, was ich sage, deckt sich also nicht notwendigerweise mit Ihrem Verständnis von dem, was Sie hören.

Die Philosophen versuchen, über Sprache zu sprechen, aber insbesondere, wenn die Sprache das Thema ist, werden die Kommunikationsmittel schwer fassbar und ihrer Aufgabe nicht gerecht.

Nicht ein Wort

Der deutsche Philosoph Gottlob Frege (1848–1925) gab der Philosophie eine Wendung hin zu einer sorgfältigen Betrachtung der Sprache. Er meinte, Sprache erhalte allein durch den

Kontext ihre Bedeutung. Ein Satz wie „Das Schwein ist schwarz“ kann wie eine mathematische Aussage betrachtet werden, mit einem Argument, „das Schwein“, und einer Funktion, „ist schwarz“. Wir können das Argument beispielsweise durch „diese Katze“ ersetzen. Doch die einzelnen Teile haben nur eine Bedeutung, wenn sie sich in einem Kontext befinden. „Ist schwarz“ alleine ist keine Aussage.

Ein Wort alleine hat keine Bedeutung. Saussure erklärte, dass Worte aufgrund des Unterschiedes zwischen ihnen erst eine Bedeutung erhalten. „Männlich“ erfordert die Existenz des Wortes „weiblich“, und zu sagen, etwas „ist“ eine Katze, bedeutet ebenso zu sagen, dass es nicht ein Hund ist oder eine Maus. Man könnte sagen, alles wird durch das festgelegt, was es nicht ist.

Worte und Wahrheit

Es scheint offensichtlich zu sein, dass wir unsere Sprache verwenden können, um die Wahrheit zu sagen oder zu lügen. Bertrand Russell ging noch weiter und sagte, eine Aussage könne auch bedeutungslos sein. Ein Satz wie „Der König von Frankreich ist kahlköpfig“ ist weder wahr noch falsch, da es keinen König von Frankreich gibt. Wenn wir sagen, es sei falsch, würde das beinhalten, dass der König von Frankreich nicht glatzköpfig ist (aber existiert). Es gibt auch völlig verblüffende Aussagen, wie z. B. „Alles, was ich sage, ist falsch“, die wahr ist, wenn sie falsch ist, und falsch, wenn sie wahr ist.

Das Denken begrenzen

Was wir sagen können, wird durch die Sprache begrenzt – doch begrenzt oder strukturiert sie ebenso unser Denken? Es gibt ein Argument dafür, dass es so ist. Wenn man z. B. im Chinesischen über die Anzahl von Dingen spricht, muss ein „Zähleinheitswort“

zwischen der Zahl und dem gezählten Objekt gesetzt werden. „Drei Landkarten" wären dann „drei flache Dinge, die Landkarten sind". Die Anforderung, Dinge aufgrund einer ihrer Eigenschaften in Gruppen zu unterteilen, stellt Verbindungen her und ordnet eine Eigenschaft über die andere. Im Chinesischen gibt es mehr Ähnlichkeit zwischen drei Landkarten und drei Briefmarken als zwischen drei Landkarten und drei Gorillas. Im Deutschen gibt die Sprache nicht wieder, dass Briefmarken eher einer Landkarte ähnlich sind als einem Gorilla. Wir sind nicht gezwungen, darüber nachzudenken, wie die Dinge beschaffen sind, um sie zählen zu können.

Es gibt noch andere Beispiele, die zeigen, wie die Sprache das Denken und die Ausdrucksweise beschränkt oder erweitert. Die Sprache der Pirahã in Brasilien hat keine Worte für Zahlen oder Farben. Es gibt Begriffe für ein einzelnes Ding, für eine kleine Menge und für eine große Menge, jedoch keine Zahlen. Farben werden durch Ähnlichkeiten übermittelt – so sind rote Dinge „blutähnlich". Die Pirahã können keine Muster wiedergeben, die verschiedene Elemente beinhalten, und sind nicht in der Lage, das Zählen zu erlernen, es sei denn, sie sind noch ganz kleine Kinder. Sie sind das deutlichste Beispiel für sprachlichen Determinismus – was bedeutet, dass unser Wissen und Denken dadurch beschränkt wird, was uns unsere Sprache zu sagen ermöglicht.

In manchen Sprachen gibt es Worte für Dinge, über die andere Sprachen nicht verfügen. Im Japanischen z. B. bedeutet das Wort „*tsundoku*", ein Buch ungelesen liegen zu lassen, nachdem man es gekauft hat. Auch wenn es im Deutschen dafür kein Wort gibt, so werden auch hier Bücher gekauft und nicht gelesen. Denken die

„Wovon man nicht sprechen kann, darüber muss man schweigen."

Ludwig Wittgenstein (1921)

Deutschen anders über diesen Sachverhalt? Geschieht es hier im Vergleich dazu heimlich oder wird es gebilligt, da es dafür kein Wort gibt? Auch ohne eigenen Begriff kann man in dieser Sprache dennoch sagen, dass man ein Buch gekauft und nicht gelesen hat. Was ist, wenn wir für eine Sache kein Wort haben und sie nicht beachten? Wir haben z.B. kein Wort dafür, wenn ein Wurm einen Gang im Erdreich gräbt. Wir können beschreiben, wie er sich bewegt und dabei Muskelbewegungen miteinschließen, die der menschliche Körper nicht ausführen kann, ohne ein Wort dafür zu haben. Es ist schwierig, sich in einen Wurm hineinzuversetzen. Vielleicht ist einer der Gründe dafür, dass wir kein Wort dafür haben, was Würmer tun. Oder wir haben kein Wort dafür, weil es schwer vorstellbar ist.

Sprachen – gleich und doch anders

Noam Chomsky hat Sprachen und wie sie erlernt werden genau untersucht. Er kam zu dem Schluss, dass allen Sprachen einige Eigenschaften des Satzbaus gemeinsam sind und dass unsere Gehirne beim Erlernen von Sprachen darauf zurückgreifen – so als gäbe in unserem Gehirn bereits eine Struktur, die nur mit Sprache aufgefüllt werden muss. Chomsky begründet seine Theorie damit, dass keine Sprache für ein Kind zu komplex ist,

Die kleinen Wilden

Im Laufe der Geschichte wurde immer wieder von ausgesetzten oder entführten Kindern berichtet, die von wilden Tieren, meistens Wölfen, großgezogen wurden. Gelegentlich wurden diese „Wilden" wiedergefunden und in die menschliche Gesellschaft integriert. Studien haben gezeigt, dass sie die menschliche Sprache nur schwer erlernen konnten, wenn sie nicht von klein an damit konfrontiert wurden, wohingegen sie mit ihren tierischen Betreuern gut kommunizieren konnten. Ein besonders merkwürdiger Fall war der russische Vogel-Junge. Seine Mutter hielt ihn gemeinsam mit einigen Vögeln in einer Voliere und sprach nie ein Wort mit ihm. Als man ihn im Alter von sieben Jahren fand, kommunizierte er durch Zwitschern und „Flügelschlagen" mit den Armen.

Sprache ohne Worte

Niemand geht davon aus, dass kleine Kinder oder Taubstumme nicht denken können, weil sie Sprache nicht ebenso wie sprachfähige Erwachsene anwenden können. „Sprache" muss aus gesprochenen oder geschriebenen Worten bestehen. Einige Sprachen (z.B. Sanskrit) gibt es nur in geschriebener Form. Andere hingegen werden nur gesprochen. Die Sprache der Pirahã kann mit Pfeiftönen „gesprochen" werden. Sie besteht aus nur 13 verschiedenen Klängen, die durch Pfeiftöne ersetzt werden können. Und wie steht es mit Infografiken? Sie übermitteln Informationen ohne Worte oder feststehende Piktogramme. Zeichensprachen wiederum ordnen den Worten sichtbare Bewegungen zu. Die für Helen Keller (oben), eine taubblinde amerikanische Schriftstellerin (1880–1968), entwickelte Zeichensprache war auf gefühlte Bewegungen gestützt. Die möglichen Formen von Sprache gehen weit über Sprechen und Schreiben hinaus.

um sie nicht durch Nachahmung der Personen in seiner Umgebung zu erlernen, und schließt daraus auf eine angeborene Sprachfähigkeit. Diese Fähigkeit scheint jedoch zeitlich begrenzt zu sein. Kinder, die vor der Pubertät keine Sprache gelernt haben, werden vermutlich nie eine lernen. Einige Sprachwissenschaftler gehen davon aus, dass Sprache innerhalb eines bestimmten Zeitfensters gelernt werden muss. Werden Kinder in dieser Zeit nicht mit Sprache konfrontiert, werden sie niemals eine lernen. Es scheint so, als würde der Teil des Gehirns, das uns ermöglicht, Sprachen zu entschlüsseln – also in einem Klangmuster eine Bedeutung zu erkennen - niemals richtig funktionieren, wenn er nicht bereits in jungen Jahren eingesetzt wird.

Der Vergleich von zwei Wolfskindern, Genie und Isabelle, legte nahe, dass die Schwelle irgendwo zwischen 6 und 13 Jahren liegt. Genie, die bis zum Alter von 13 Jahren keinen Kontakt mit der menschlichen Sprache hatte, war niemals in der Lage, sprechen zu lernen. Isabelle gelangte bereits mit 6 Jahren zurück in die Zivilisation und lernte sprechen.

TEIL 2:

HANDELN

Kapitel 15

Wie treffen wir Entscheidungen?

Die praktische Anwendung der Philosophie liegt in der Überlegung, wie man am besten handelt. Wie kann sie uns dabei helfen?

Auch wenn die Philosophie im Denken besteht, liegt ihr Wert für die meisten Menschen doch in der Bedeutung für ihr Tun im alltäglichen Leben – von der Entscheidung, eine Organspenderkarte bei sich zu tragen bis hin zu der Überlegung, wie viel sie einer Wohltätigkeitsstiftung spenden wollen.

Moral und Ethik

Auch wenn zwischen den Begriffen Moral und Ethik kein wesentlicher Unterschied besteht, werden sie in der Philosophie gelegentlich unterschiedlich verstanden. Beide haben den gleichen etymologischen Ursprung und werden oft als austauschbar angesehen. Allerdings wird „Ethik" eher in einem theoretischen Zusammenhang verwendet (z.B. „Ethik-Kommission").

Entscheidungen treffen

Für Søren Kierkegaard besteht das ganze Leben aus Entscheidungen. Das Dilemma des Menschen ist es, nicht zu wissen, wie er diese treffen soll: *„Was ich wirklich vermisse, ist der Mangel an Klarheit in meinem Geist, was ich tun soll"*, sagte er.

Einige Entscheidungen sind rein praktisch und haben keine philosophische Dimension. Ob Sie zu Bett gehen oder bis spät in die Nacht aufbleiben, um einen Film anzuschauen, hängt davon ab, ob Sie am nächsten Tag früh aufstehen müssen, um zur Arbeit zu gehen. Doch viele Entscheidungen haben eine ethische Tragweite und sind moralisch besser oder schlechter als andere. Die Philosophie kann uns dabei helfen, die Möglichkeiten für eine Entscheidung moralisch zu bewerten.

Wie kann man vorgehen, um zu einer moralisch richtigen Entscheidung zu gelangen?

Die Regeln befolgen

Wir sind umgeben von Regeln und Vorschriften: Landesgesetzen, religiösen Geboten, sozialen Normen und Konventionen, Berufsregeln, Bestimmungen durch den Vermieter, die Eltern, die Schule, den Arbeitgeber oder durch die Behörden. Manche Regeln sind gewichtiger als andere. Wenn wir gegen das Gesetz verstoßen, müssen wir mit einer gerichtlichen Strafe rechnen, wenn wir gesellschaftliche Normen missachten, lediglich mit Missbilligung. Doch die Macht von Konventionen und Traditionen sollte nicht unterschätzt werden: Wer seine Tochter im China des 16. Jahrhunderts nicht zum Füßebinden brachte, konnte sie später nicht verheiraten – allerdings hatte sie dann keine verkrüppelten Füße und konnte normal laufen. Das zeigt: Auch durch Regeln, die keine Rechtsverbindlichkeit haben, können Menschen unterdrückt werden.

Manche Menschen erachten das durch den Kapitalismus bestimmte moderne Leben als ausbeuterisch oder zügellos, wodurch auch Kinobesuche einen (un-) moralischen Stellenwert erhalten.

Die einzigen Regeln, die speziell auf ein moralisch gutes Leben abzielen, sind religiöse Gebote. Sie gelten als Wertekatalog, mit dem die Gläubigen auf verkürztem Weg zur richtigen Entscheidung gelangen können. Religiöse Vorgaben, wie kein Schweinefleisch zu essen oder nicht zu lügen, sind klare Richtlinien, bei denen nicht weiter darüber nachgedacht werden muss, ob man lieber das eine oder das andere tut. Ob eine Handlung gut oder schlecht ist, kann durch den Vergleich mit dem Regelwerk ermittelt werden. Das moralische Abwägen einer Handlung durch den Bezug auf ein Regelwerk oder ein Pflichtgefühl nennt man „Deontologie" oder „deontologische Ethik".

Hat die Religion ein Monopol auf die Moral?

Schon seit Tausenden von Jahren sind Religion und Moral untrennbar miteinander verbunden. Manche Menschen sind der Ansicht, dass ohne Religion keine Motivation vorhanden sei, sich moralisch korrekt zu verhalten. Mal sehen, ob da etwas dran ist ...

Warum halten sich religiöse Menschen an moralische Gesetze? Viele Religionen bieten für das Befolgen von Geboten eine Belohnung (wie die Erlösung) an und drohen mit Strafen (wie die Verdammnis), um die Menschen zum Gehorsam zu bewegen. Viele Gläubige befolgen die Regeln also wegen der Belohnung oder zur Vermeidung der Bestrafung, und nicht, weil sie gute Menschen sein wollen. Das klingt nicht gerade nach moralischer Überzeugung. Andere halten sich aufgrund ihrer Liebe zu Gott an die Regeln und wollen ihn dadurch erfreuen. In

> ***„Entweder sind die Beweggründe, um die Moral Gottes zu befolgen, moralischer Natur oder nicht. Wenn sie es sind, so ist derjenige bereits mit einer moralischen Motivation ausgestattet, und die Vorstellung eines Gottes kann dem nichts hinzufügen. Doch sind es keine moralischen Beweggründe, so sind sie derart beschaffen, dass sie eine moralische Motivation nicht einmal anregen können ... Wir gelangen also zu dem Schluss, dass jegliche Bezugnahme auf Gott entweder nichts hinzufügen kann oder in die falsche Richtung geht."***
>
> Bernhard Williams, 1972

Juden und Moslems sind der Ansicht, dass man kein Schweinefleisch essen darf; wer nicht dazugehört, muss darüber selbst entscheiden. Man kann das Essen von Fleisch grundsätzlich in Frage stellen oder seine Entscheidung daran ausrichten, ob Tiere artgerecht gehalten werden.

diesem Fall sind Belohnung und Strafe unerheblich. Umgekehrt kann ein Nicht-Gläubiger Gutes tun, um seinen Mitmenschen eine Freude zu machen oder weil er die Tugenden liebt. Der Humanist strebt nach dem moralisch Guten ohne Belohnung oder Strafe. Vielleicht hat er eine bessere Moral als der Gläubige.

Religionen sind deontologisch, das bedeutet, es ist die Pflicht eines Gläubigen, das Gesetz Gottes zu befolgen. Doch es gibt mehr als nur eine Religion auf der Welt und sie haben unterschiedliche Konzepte vom Guten. Das bedeutet entweder, dass einige (oder alle) Religionen falsch liegen oder dass das, was für den einen „richtig" ist, für den anderen nicht unbedingt richtig sein muss. Natürlich hält jeder Gläubige sein System für das richtige - wie soll sich ein Außenstehender da entscheiden?

Regeln – Sinn und Unsinn

In einer idealen Welt würde es ausreichen, die Regeln zu befolgen, um sich immer für das „Richtige" zu entscheiden. Wenn ein moralisches System sinnvoll aufgebaut ist, sollte es seinen Zweck erfüllen, um als Anleitung für das richtige Handeln zu dienen – die Betonung liegt allerdings auf „wenn". Oftmals stehen Regeln im Dienst der Mächtigen – auch die Gebote der großen Religionen. Friedrich Nietzsche erkannte im Christentum viele politischen Interessen, die das vage Versprechen des Lebens nach dem Tod dazu nutzen, um die unterdrückte Unterschicht ruhig zu halten. Einige Studien lassen auf einen unmittelbaren gesellschaftlichen Zusammenhang zwischen Kriminalität, Sittenverfall und Religion schließen: Eine höhere Kriminalitätsrate geht einher mit einem höheren Grad an religiösem Glauben und religiösen Praktiken. Das lässt darauf schließen, dass Regeln alleine nicht ausreichen, um die Menschen zu einem moralischen Handeln zu bewegen.

„Es ist merkwürdig, dass gerade Epochen tiefen religiösen (...) Glaubens von großer Grausamkeit und schlechten Lebensbedingungen geprägt waren ... Wenn man sich in der Welt umschaut, standen die (...) Kirchen von jeher jeglichem Fortschritt menschlicher Empfindung, jeder Verbesserung des Strafrechts, jedem Schritt in Richtung der Vermeidung von Kriegen und zur besseren Behandlung der farbigen Rassen oder Milderung der Sklaverei sowie jedem moralischen Fortschritt entgegen."

Bertrand Russell, 1957

Das Stiefmütterchen ist das Symbol für freies Denken und den philosophischen Standpunkt, dass jeder sein Denken und seine Entscheidungen von Vernunft und Logik abhängig machen sollte, unabhängig von Vorurteilen, Traditionen, Bräuchen, Autoritäten oder jeder anderen Form von Druck.

Wir müssen uns immer wieder mit widersprüchlichen Verpflichtungen oder Problemen auseinandersetzen, die uns vor schwierige Entscheidungen stellen. Manche Regeln verlangen uns Handlungen ab, zu denen wir uns nicht in der Lage sehen. Wir müssen widersprüchliche Ansprüche abwägen und uns für das entscheiden, was uns als am wichtigsten erscheint. Wenn Sie einen bestimmten Glauben haben, sind dessen Regeln vielleicht nicht mit der Zeit und dem Ort, an dem Sie leben, in Einklang zu bringen (siehe *Dürfen wir Hexen verbrennen?* Seite 108). Sie könnten einen spirituellen Berater um Hilfe bitten oder selbst nach einer Lösung suchen.

Sie können nur schwierige moralische Entscheidungen treffen, wenn Sie genau wissen, was Sie denken – insofern Sie sich Ihrer Wertvorstellungen bewusst sind und wissen, wie Sie sie erlangt haben, verteidigen können und miteinander in Einklang bringen können. Auch schwere Zeiten müssen mit Ihrem Wertesystem in Einklang gebracht werden. Gegebenenfalls müssen Sie Ihre Wertvorstellungen korrigieren oder einen Weg finden, um Veränderungen in Ihr Weltbild zu integrieren.

Entscheidungsfindung – einige Ismen

Der englische Philosoph Henry Sidgwick (1838–1900) vertat die Ansicht, dass ethische Entscheidungen, insofern sie nicht

> *„Die Realität der heutigen Welt zeigt, dass die Religion als grundlegende Ethik nicht mehr ausreicht. Deshalb bin ich immer mehr davon überzeugt, dass der Zeitpunkt gekommen ist, um eine Art des spirituellen und ethischen Denkens zu finden, jenseits aller Religionen."*
>
> Tenzin Gyatso,
> der 14. Dalai Lama, 2012

aufgrund von Gesetzen erfolgen, in drei Kategorien einteilbar sind: Egoismus, Utilitarismus und Intuitionismus.

Egoismus: Ist für einen selbst besonders angenehm, bringt am meisten Genuss und am wenigsten Unannehmlichkeiten, ungeachtet der Auswirkungen auf andere Menschen. Egoismus passt nicht besonders gut zu einer moralischen Lebenshaltung. Am Anfang mag er verlockend erscheinen, jedoch wird man damit früher oder später scheitern, weil die Menschen keine selbstsüchtigen Personen in ihrem Umfeld haben wollen.

Utilitarismus: Ermittelt den Grad der moralischen Vereinbarkeit, indem Annehmlichkeiten und Unannehmlichkeiten für alle Betroffenen gegeneinander abgewogen werden (siehe *Sollten einem etwas wegnehmen, um es unter vielen anderen zu verteilen?* Seite 146). Eine Handlung ist moralisch, wenn sie mehr Annehmlichkeiten als Unannehmlichkeiten erzeugt, unmoralisch, wenn sie mehr Unannehmlichkeiten als Annehmlichkeiten mit sich bringt. Utilitarismus ist zwar ein guter Ansatzpunkt, er ist jedoch nicht unfehlbar. Manchmal ist es sehr schwer, die Vor- und Nachteile abzuwägen und das Ergebnis nachzuvollziehen.

Intuitionismus: Hängt vom intuitiven Wissen ab, was richtig und was falsch ist – einem guten Gefühl oder dem gesunden Menschenverstand. Sidgwick fand, dass Intuitionismus und Utilitarismus gut vereinbar sind, da unsere instinktiven Entscheidungen oft von dem Gefühl abzuhängen scheinen, dass etwas falsch sein muss, wenn es anderen Schaden zufügt.

Ethische Entscheidungen – *ich muss, ich darf nicht* und *ich kann*

Eine ethische Entscheidung dreht sich um die Frage, was moralisch richtig ist und was vielmehr vermieden werden sollte. Wenn Sie z.B. in der Bibliothek einen Umschlag mit Geld finden, wissen Sie, dass Sie ihn abgeben sollten. Doch Sie müssen entscheiden,

Testen Sie sich selbst

Philosophen überprüfen Theorien und Regeln gerne mithilfe von Gedankenexperimenten. Mit den folgenden drei Gedankenexperimenten können Sie herausfinden, ob Ihr Wertesystem geeignet ist, um schwierige Entscheidungen zu treffen.

- **Sie fahren einen Wagen mit drei Fahrgästen. Durch einen Erdrutsch ist die Straße blockiert. Zum Bremsen bleibt keine Zeit mehr. Sie können den Felsbrocken auf der Straße nur ausweichen, indem Sie in eine kleine Seitenstraße abbiegen. Unglücklicherweise steht in der Mitte der Seitenstraße ein junger Mann, den Sie beim Abbiegen unweigerlich überfahren würden. Würden Sie auf die Seitenstraße einbiegen und den Mann töten oder würden Sie auf der Hauptstraße bleiben, wodurch sehr wahrscheinlich Sie und ebenso die drei Fahrgäste ums Leben kommen würden?**
- **Sie benötigen ein neues Hemd, um zu einem Vorstellungsgespräch zu gehen, können sich aber nur einen Artikel aus einem extrem preisgünstigen Textildiscounter leisten. Über diesen haben Sie erst kürzlich eine Dokumentation gesehen, die über die schlechten Arbeitsbedingungen berichtete. Sie wollen die Ausbeutung der Menschen nicht unterstützen, aber Sie brauchen ein Hemd. Was tun Sie?**
- **Sie haben Beweise dafür, dass die Regierung Ihres Landes furchtbar korrupt ist. Wenn Sie etwas dagegen unternehmen, bringen Sie sich in große Gefahr. Tun Sie es nicht, leiden die Menschen weiterhin. Machen Sie Ihr Beweismaterial öffentlich?**

Gibt es auf diese Fragen richtige oder falsche Antworten? Gelten sie für alle gleichermaßen und in allen Lebenslagen?

ob Sie es tatsächlich tun. Sie können sich sagen, dass er vielleicht niemals zu seinem eigentlichen Besitzer zurückgelangen wird und er daher ebenso in Ihrem Besitz bleiben kann. Außerdem sollte man ohnehin auf sein Geld aufpassen, und wer dazu nicht in der Lage ist, hat es nicht verdient, es zurückzuerhalten. Oder Sie geben den Umschlag ab, ungeachtet dessen, was damit geschieht, weil Sie es als falsch erachten, ihn zu behalten.

Handlungen können moralisch in drei Kategorien eingeteilt werden:

- **Notwendige Handlungen** – d.h. man *muss* sie tun
- **Verbotene Handlungen** – d.h. man *darf* sie *nicht* tun
- **Erlaubte Handlungen** (nicht notwendige) – d.h. man *kann* sie tun

Manche Handlungen finden allgemeine Zustimmung: Die meisten Menschen würden sagen, dass Mord falsch ist und somit unter

die Kategorie der verbotenen Handlungen fällt – man darf keine Menschen ermorden. Doch in vielen Fällen herrscht über den moralischen Status einer Handlung Uneinigkeit. Für manche Menschen ist der Verzehr bestimmter Nahrungsmittel nicht haltbar, während andere dies als unbedenklich erachten, weshalb es sich hierbei also um keine spezifisch moralische Frage – ob gut oder schlecht – handelt. Über einige Handlungen herrscht allgemeine Uneinigkeit: Manche Menschen betrachten die Beschneidung von Kindern als ethisch notwendig, weil es ihrem religiösen Glauben entspricht. Andere halten es für zulässig und wieder andere für einen Verstoß gegen die Unversehrtheit des Körpers ohne Zustimmung der Betroffenen und somit als moralisch falsch und unzulässig. Diskussionen über ethische Fragestellungen können sich aufheizen und gewaltsame Ausmaße annehmen. In Verbindung mit religiösen Überzeugungen können daraus sogar Kriege entstehen, die über Jahrhunderte andauern.

Was geschieht und was sollte geschehen?

Wir alle leben in Gesellschaften mit kulturellen Normen, die sich häufig in Gesetzen widerspiegeln. Meistens sind wir überzeugt, dass wir uns diesen Gesetzen unterordnen sollten, doch manchmal stehen wir dadurch im Konflikt mit unserem Gerechtigkeitsempfinden. Nur weil etwas *geschieht*, bedeutet es noch lange nicht, dass es *geschehen sollte*.

Vor rund 200 Jahren war die Sklaverei in den USA weit verbreitet. Das bedeutet nicht, dass die Sklaverei richtig war oder ist, doch sie konnte nur abgeschafft werden, weil ausreichend viele Menschen sie als falsch erachteten. Um in einer Gesellschaft einen Fortschritt zu bewirken, muss jemand den ersten Schritt tun und hinterfragen, ob das, was *geschieht,* tatsächlich *geschehen sollte*. Erst dann kann sich etwas verändern: Wenn Sie der Ansicht sind, dass etwas verändert werden sollte, brauchen Sie ein gutes moralisches Fundament, um anderen Ihren Standpunkt zu erläutern und sie zu überzeugen. Dafür ist die Philosophie sehr hilfreich.

Kapitel 16

Dürfen wir Hexen verbrennen?

Ist gut oder schlecht abhängig von der Zeit und den Umständen? Oder ist gut oder schlecht unveränderlich?

Es ist ja ganz nett, sich für ein moralisches Leben zu entscheiden und nur Gutes zu tun – allerdings gibt es einige Fragen über das Wesen der Moral, durch die das Thema kompliziert wird. Bleibt das Richtige immer gleich? Und warum ist das Gute überhaupt gut?

Warum ist das Gute gut?

Wir geben uns viel Mühe bei der Entscheidung, welche Handlungen gut sind, doch die meisten von uns denken kaum darüber nach, was „gut“ oder „moralisch“ eigentlich bedeutet. Der britische Philosoph George Moore (1873–1958) kam zu dem Schluss, dass sich dies nicht festlegen lässt. Wir alle haben einen angeborenen Sinn dafür, was richtig und was nicht richtig ist. Er erachtete die Annäherung an das Wesen des „Guten“ für nicht notwendig, da wir bereits eine Vorstellung davon haben, wie wir auch von „gelb“ eine Vorstellung haben, auch wenn wir sie nicht erklären können. Dies klingt ein wenig wie ein Ausweichmanöver, weil es keine Hinweise gibt, wo diese Vorstellung herkommt und ob sie allen Menschen gemein ist.

Große Fragen: Die Meta-Ethik

In der Philosophie werden drei Kategorien von Ethik unterschieden:

- **Die Meta-Ethik beinhaltet die übergreifenden Fragen nach dem Wesen des Guten, wie man gut und böse voneinander unterscheiden kann, ob das Gute immer und überall gut ist und ob das Gute überhaupt existiert.**
- **Die normative Ethik beschäftigt sich damit, was die Menschen als gut oder schlecht erachten sollten – z.B. ob Eifersucht schlecht und Barmherzigkeit gut ist usw.**
- **Die angewandte Ethik setzt sich damit auseinander, wie die Ethik auf das Leben angewendet werden kann – wie wir am besten leben und was wir tun sollten. Sie wendet die Prinzipien der normativen Ethik in der Praxis an und untergliedert sich in einige Unterbereiche. Die Bioethik beispielsweise setzt sich u.a. mit der Frage auseinander, ob menschliche Embryos zu medizinischen Forschungszwecken verwendet werden dürfen und ob wir genetisch veränderte Organismen produzieren dürfen.**

Eine Möglichkeit ist, dass all das gut ist, was einem idealen Beobachter – ein theoretisches Wesen von vollendeter Weisheit und Urteilskraft – als gut erscheinen würde, oder all das ist gut, was ein allwissendes Wesen (eine Art Gott) als gut erachtet. Daraus geht die „*Divine-Command*"-Theorie (Theorie vom göttlichen Gebot) hervor, die sich auf die Annahme stützt, dass Gott bestimmt, was gut und was böse ist. Das führt zu der Überlegung, ob Gott etwas als gut bestimmt, weil es gut ist, oder ob etwas gut ist, nur weil Gott es als gut bestimmt hat. Sollte die erste Überlegung zutreffen, dann gibt es außerhalb von Gott eine Quelle des Guten und Gott selbst kann nicht entscheiden, was gut ist. Nach der zweiten Überlegung ist alles willkürlich, da Gott alles Beliebige als gut definieren könnte - auch Diebstahl oder das Verbrennen von Hexen –, was aus heutiger Sicht sehr fragwürdig ist.

Wenn man sich auf Gott verlässt, taucht noch ein anderes Problem auf. Die einzelnen Völker haben unterschiedliche Religionen - dann würden all diese göttlichen Wesen die letzte moralische Instanz darstellen ... Tatsächlich halten die meisten Menschen nur ihre eigene Religion und das von ihr etablierte moralische System für richtig. Die Existenz von verschiedenen Religionen widerlegt zwar nicht die Theorie vom göttlichen Gebot, erschwert es jedoch, sich damit auseinanderzusetzen.

Was ist „wahr"?

Die Philosophie befasst sich natürlich auch mit der Frage, was mit „wahr" eigentlich gemeint ist. Dazu gibt es zwei wesentliche Theorien, die miteinander konkurrieren.

Nach der Korrespondenztheorie muss eine Aussage mit etwas Nachweisbarem in der realen Welt übereinstimmen, um wahr zu sein. Das entspricht dem, was die meisten Menschen unter „wahr" verstehen. Demzufolge ist die Aussage „sommergrüne Bäume verlieren im Herbst ihr Laub" eine wahre Aussage. Eine Aussage wie „sommergrüne Bäume sind im Herbst sehr schön" ist dagegen nicht wahr, da manche Menschen dem zustimmen, andere dagegen anderer Meinung sind.

Nach der Kohärenztheorie ist Wahrheit schwieriger zu erklären und zu verstehen. Sie verlangt ein zusammenhängendes (kohärentes) System, in dem sich Aussagen in Relation zu anderen als wahr erweisen müssen. Individuelle Aussagen können nur wahr sein, wenn sie in diesem

Wenn wir nicht sagen können, warum das Gute gut ist, ist die Frage berechtigt, ob das „Gute" – wie auch alle anderen abstrakten Dinge – überhaupt existiert.

Gibt es moralische Tatsachen?

Es ist schwer zu sagen, ob sich die Ethik auf das „Wahre" stützt. Die meisten Menschen gehen von der Gültigkeit bestimmter physikalischer Gegebenheiten aus – z. B. dass die Planeten in einer bestimmten Weise um die Sonne angeordnet sind oder dass der Körper Zucker und Fett nach bestimmten Prozessen verarbeitet. Es gibt Wahrheiten „da draußen" zu diesen Themen. Gibt es denn „da draußen" nicht auch Wahrheiten, die uns sagen, wie wir ein moralisch einwandfreies Leben führen können? Die Religionen wollen uns glauben machen, dass es das gibt. Sie beziehen sich auf ein moralisches System, das von einem göttlichen Wesen etabliert wurde. Dieses Wesen hat festgelegt, was richtig und wahr ist.

Für manche Philosophen sind Ideale, wie Gerechtigkeit, Wahrheit, Moral usw., unabhängig von Menschen, gesellschaftlichen Systemen und Göttern – vielleicht sind sie angeboren, wie Moore meinte, oder sie befinden sich im Reich der Ideen außerhalb der Höhle, wie Platon vermutete. In diesem Fall gibt es das „Gute" und wir müssen herausfinden, was es ist.

System einen Platz finden. Nach diesem Prinzip können sowohl die Quantenphysik als auch die klassische Physik (die sich an vielen Stellen widersprechen) als Systeme wahr sein. Aussagen in der Quantentheorie sind nur im Kontext dieser Theorie wahr. Wir können sagen, dass „Teilchen, die weit voneinander entfernt sind, können unverzüglich gemeinsam wirken" im Kontext der Quantenphysik eine wahre Aussage ist, weil sie innerhalb des Systems logisch unterstützt wird – ganz egal, ob das System eine korrekte Abbildung des Universums ist oder nicht.

Eine Aussage wie „du sollst nicht töten" ist nach der Korrespondenztheorie nicht wahr, weil sie die Welt an ihre Vorstellung anpassen will, indem sie eine Aussage als Tatsache präsentiert: „Menschen werden nicht getötet." Sobald jemand getötet wird, ist diese Aussage nicht mehr wahr. Nach der kohärenten Vorstellung von Wahrheit kann die Aussage „du sollst nicht töten" wahr sein.

Möglich ist ebenso, dass es so etwas wie „gut" oder „böse" gar nicht gibt und die Aussagen „töten ist falsch" oder „töten ist gut" nicht wahr sind. Diese Aussagen können dennoch eine Bedeutung haben, auch wenn sie nicht „wahr" sind. Wir können „töten ist falsch" als Anordnung verstehen mit der Bedeutung „töte keine Menschen" oder als Missbilligung mit der Bedeutung „wir sind nicht damit einverstanden, Menschen zu töten".

Gibt es eine Allgemeingültigkeit?

Steckt in Regeln eine Universalmoral? Sind bestimmte Dinge immer richtig oder falsch? Gibt es Regeln, die immer und überall angewendet werden können?

Wenn es „da draußen" ein allgemein gültiges Moralsystem gibt, das es zu entdecken gilt, ist Moral etwas Absolutes, d. h. zeitlich und räumlich unveränderlich. Wenn es keinen einheitlichen Moralkodex gibt, ist Moral relativ und je nach kulturellem Kontext veränderlich.

Diese Überlegung hat Konsequenzen dafür, wie wir andere Völker und Kulturen betrachten und behandeln, zumal unsere Gesellschaft kulturell immer vielfältiger wird. Bis zu welchem Punkt sollen wir die moralischen Überzeugungen anderer Kulturen respektieren, unterstützen oder schützen?

Die unterschiedliche Behandlung von Frauen in der europäischen und der arabischen Welt kann zu Spannungen führen, wenn Menschen aus unterschiedlichen Kulturen zusammenarbeiten und -leben.

„Der Tag könnte kommen, an dem die übrigen Kreaturen jene Rechte erlangen werden, die man ihnen nur von tyrannischer Hand vorenthalten konnte. Die Franzosen haben bereits entdeckt, dass die Schwärze der Haut kein Grund dafür ist, jemanden schutzlos der Laune eines Peinigers auszuliefern. Es mag der Tag kommen, da man erkennt, dass die Zahl der Beine, der Haarwuchs oder das Ende des Steißbeins gleichermaßen unzureichende Gründe sind, ein fühlendes Lebewesen demselben Schicksal zu überlassen."

Jeremy Bentham, 1789

Wird alles anders?

Im alten Griechenland war es üblich, Sklaven zu halten und es war gang und gäbe, dass erwachsene Männer Sex mit Knaben hatten. Man erachtete dies nicht als falsch. Haben sie etwas falsch gemacht, ohne es zu bemerken? Aus absolutistischer Sicht waren entweder die Griechen sklavenhaltende Kinderschänder oder wir sind unnötig großmütig mit unseren Mitmenschen, indem wir nicht dem Beispiel der Griechen folgen. Aus relativistischer Sicht war es für die Griechen in Ordnung, diese Dinge zu tun, während es für uns in unserer Zeit falsch wäre.

Es ist nicht einfach, sich außerhalb des eigenen sozialen Kontexts zu stellen und zu überlegen, wie die anderen uns vielleicht sehen. In zweihundert Jahren werden sich unsere Nachkommen vielleicht wundern, dass es jemals als akzeptabel erachtet wurde, Tiere zu essen oder die Natur auszubeuten, wie wir es heute tun, oder Alkohol und Tabak als legale Drogen zu konsumieren.

Aus humanistischer Sicht

Der erste Philosoph der westlichen Welt, der eine Art kulturellen Relativismus vorschlug, war der französische Essayist Michel de Montaigne im 16. Jahrhundert. Er schrieb zu einer Zeit, als die Entdecker mit

Hexen verbrennen

Für einen Gläubigen hat das Wort Gottes hinsichtlich seines Wahrheitsgehalts eine immerwährende Gültigkeit. Die Religionen sind bestrebt, dies deutlich und sichtbar zu machen. Doch religiöse Texte sind zweideutig, rätselhaft oder widersprüchlich und zahllose Kriege haben ihren Ursprung in ihren unterschiedlichen Auslegungen. „Die Zauberinnen sollst du nicht leben lassen" (2. Mose 22:18) wurde im 17. Jahrhundert wortwörtlich genommen – und hat bekanntlich Tausende von Menschen das Leben gekostet.

Ein modernes Gericht hätte die Hexen für unschuldig befunden. Doch handelten die Menschen zur Zeit der Hexenverbrennungen unmoralisch? Bieten die damaligen theoretischen Sichtweisen eine Entschuldigung für die Hexenverbrennungen?

Berichten über merkwürdige Lebensweisen aus fernen Ländern zurückkehrten, und warb für Toleranz: *„Die Gesetze des Bewusstseins, die wir für naturgegeben halten, sind in Wirklichkeit eine Frage der Tradition. Jeder Mensch hat verinnerlicht, was um ihn herum gebilligt und anerkannt wird."*

Er glaubte nicht, dass alle moralischen Richtlinien und Urteile gleichermaßen zulässig waren, sondern empfahl dem Einzelnen, über das jeweils passende Verhalten in Abhängigkeit von der jeweiligen Situation zu reflektieren. Diese humanistische Sichtweise verleiht jedem Menschen die Autorität, darüber nachzudenken, was moralisch bedeutsam ist und was nicht.

Viele Menschen kaufen Billigware aus ausländischer Herstellung, würden schlechte Arbeitsbedingungen im eigenen Land aber ablehnen – ist das moralisch vertretbar oder akzeptabel, weil die Alternative Armut wäre? Oder ist das nur eine Ausrede, um unser Gewissen zu beruhigen?

Ist Religion ein Sonderfall?

Das Schächten, die jüdische und islamische Methode des Schlachtens, ist weitab davon, das Schlachten von Tieren mittels Betäubung möglichst schmerzlos durchzuführen. In manchen Ländern gibt es aus Rücksicht auf diese Traditionen Ausnahmen von den gesetzlichen Vorschriften, Tiere vor dem Schlachten zu betäuben. Dadurch werden die Rechte der Tiere den religiösen Praktiken untergeordnet. Ist das richtig? Ist die Religion ein Sonderfall?

Unter dem Deckmantel des „wahren" Glaubens haben die mittelalterlichen Kreuzfahrer Tausende von unschuldigen Nicht-Christen abgeschlachtet, und so ihre Raubzüge begründet. Ein aufrichtiger Kreuzfahrer mag der Propaganda jedoch geglaubt und aus moralischen Gründen an den Kreuzfahrten teilgenommen haben.

Linien im Sand

Sobald wir verschiedene Moralformen zulassen, werden Toleranz und Rücksicht zu wichtigen Themen. Tolerant zu sein und Rücksicht zu nehmen fällt oft nicht schwer. Es wäre z. B. nahezu flegelhaft und rücksichtslos für einen Nicht-Moslem, einen muslimischen Kollegen für sein Einhalten des Ramadan zu verachten. Problematisch wird es allerdings, wenn die moralischen Richtlinien die Rechte anderer Menschen verletzen oder einschränken.

Genitalverstümmelung gilt außerhalb der Personenkreise, die sie durchführen, als abscheulich und unmoralisch. Selbst die Vorstellung, dass sie in manchen Kulturkreisen akzeptiert wird, kann bereits als moralisch nicht vertretbar betrachtet werden. Viele führenden Persönlichkeiten innerhalb des Islams haben sich schon dagegen ausgesprochen, dennoch wird Genitalverstümmelung weiterhin praktiziert und – umbenannt in „weibliche Genitaloperation" – als legitim verteidigt. Ab welchem Punkt kann ein unterschiedlicher Glaube nicht mehr unterstützt werden? Macht es einen Unterschied, ob die Genitalverstümmelung in Europa verboten werden soll oder in Somalia oder Äthiopien, wo sie besonders weit verbreitet ist? Haben wir ein Recht darauf, unsere Moralvorstellungen anderen Kulturen aufzuzwängen? Oder haben wir sogar die moralische

Das Tragen von religiösen Symbolen oder Kleidung mit religiösen Symbolen ist in französischen Schulen seit 2004 verboten. Es richtet sich nicht nur gegen muslimische Kopftücher, sondern betrifft ebenso Kruzifixe und Turbane.

In der Diskussion um das französische Verbot von religiösen Symbolen in Klassenzimmern bezeichnete die amerikanische Antirassismus-Aktivistin Sharon Smith den Widerstand der Frauen gegen dieses Gesetz als Kampf gegen eine „staatlich verordnete Unterdrückung" und verglich ihn mit dem Kampf afghanischer Frauen gegen den Burka-Zwang. Es geht nicht darum, ob jemand gezwungen wird, etwas zu tragen, oder ob es verboten wird, sondern um das Aufheben der Wahlmöglichkeit, das eine oder das andere zu tun.

Verpflichtung, ihnen in manchen Angelegenheiten unsere Sichtweise dringend darzulegen? (Die Weltgesundheitsorganisation WHO hat 1994 eine Resolution verabschiedet, mit der die Genitalverstümmelung verboten wurde.)

Das Gegenteil von Regeln

Obwohl Regeln eigentlich dafür gedacht sind, das Leben einfacher zu machen, können sie ebenso zu unlösbaren Problemen führen, wenn sie nicht sinnvoll sind oder nicht ins Umfeld passen. Wenn offizielle moralische Entscheidungen getroffen werden sollen, bedient man sich der „Kasuistik". Dabei wird jeder Fall („casus") unabhängig und im Hinblick auf alle vorliegenden Informationen wie Lebensumstände, Einkommen und Umfeld behandelt, um zu einer richtigen Entscheidung zu gelangen. Die Kasuistik wird innerhalb von Rechtssystemen angewendet, ist jedoch an keine moralischen Regeln gebunden. Sie wird häufig von medizinischen Untersuchungsausschüssen angewendet, die über die Behandlung einzelner Patienten zu befinden haben. Da die Umstände der einzelnen Patienten viel unterschiedlicher sein können als auf den ersten Blick vermutet, können die

„Ein Mann sollte schon dafür gehängt werden, dass er die Schuhe von Kindern stiehlt, die barfuß in die Gaskammer geschickt wurden."

Martha Gellhorn über den Prozess von Adolf Eichmann, 1962

Entscheidungen am Ende auch sehr verschieden sein.

Unsere instinktiven Reaktionen auf moralische Fragestellungen sind oft vom Zusammenhang abhängig. Die Kasuistik versucht sie zu formalisieren und systematisch zu verstehen. Nehmen wir das Beispiel eines kinderlosen Ehepaares, das auf eine staatlich geförderte In-vitro-Fertilisation (IVF) zurückgreift, um ein Kind zu bekommen und dabei mit einem Ehepaar in Konkurrenz steht, das bereits drei Kinder hat. Man möchte vermuten, dass das kinderlose Paar bevorzugt würde. Nehmen wir jedoch an, die kinderlosen Eheleute seien Alkoholiker und alle drei Kinder des anderen Ehepaares hätten eine schwere Erbkrankheit – unter diesen Voraussetzungen würde das Paar, das bereits Kinder hat, bevorzugt werden.

Nur eine Regel

Um herauszufinden, was gut und was falsch ist, kann man zunächst von sich selbst ausgehen und sich fragen, welche Ereignisse man für erstrebenswert hält. Diese Methode ist zwar nicht besonders sicher, da die Menschen verschiedene Prioritäten und Vorlieben haben, aber es ist schon mal ein guter Anfang.

In der Philosophie hilft man sich mit der Goldenen Regel, die bereits seit dem alten Babylon angewendet wird. Sie basiert auf Reziprozität, also auf dem Prinzip der Gegenseitigkeit. Dabei gibt es negative und positive Aussagen:

- Behandle andere so, wie du selbst behandelt werden willst.
- Behandle andere niemals so, wie du selbst nicht behandelt werden willst.

Immanuel Kant meinte etwas Ähnliches, als er sagte: *„Handle nur nach derjenigen Maxime, durch die du zugleich wollen kannst, dass sie ein allgemeines Gesetz werde."* (1785)

Kant nannte diese Regel den „kategorischen Imperativ" und distanzierte seine Bedeutung von der Goldenen Regel, insofern als er keine Reziprozität beinhaltet – es geht nicht um das, was man selbst will und wie man selbst behandelt werden möchte, sondern darum, was das Beste für jedermann ist.

Kapitel 17

„Das war doch keine Absicht“ – Macht das einen Unterschied?

Was ist wichtiger bei der Beurteilung von Handlungen? Die Absicht oder die Folge?

Wir alle haben schon einmal jemanden unabsichtlich verletzt oder beleidigt. Vielleicht haben wir uns mit den Worten „Das war doch keine Absicht“ verteidigt, in der Hoffnung, dass es dadurch etwas besser werden würde. Und wir alle wurden schon einmal unabsichtlich verletzt und merkten, dass die Worte „Das war doch keine Absicht“ keinen Unterschied machten. Welchen Stellenwert hat also die Absicht?

Absicht und Folge

Stellen Sie sich folgende Situation vor: Zwei leichtsinnige Freunde gehen zusammen aus, trinken ein paar Drinks und fahren wieder nach Hause. Einer überfährt eine Frau und tötet sie. Der andere fährt an einer freien Kreuzung über eine rote Ampel und wird von der Polizei angehalten. Der Erste kommt wegen fahrlässiger Tötung ins Gefängnis, der Zweite bekommt eine Geldstrafe und muss seinen Führerschein abgeben.

Am gleichen Tag streitet ein Mann mit seiner Frau. Als sie das Haus verlässt, verfolgt er sie zunächst mit seinem Wagen und überfährt sie dann. Er wird des Mordes für schuldig befunden und bekommt eine lange Gefängnisstrafe.

Die ersten beiden Autofahrer hatten dieselbe Absicht: schnell nach Hause zu gelangen, ohne Geld für ein Taxi auszugeben. Doch die Folgen ihrer Handlung waren sehr unterschiedlich. Der dritte Fahrer hatte eine andere Absicht – seiner Frau etwas anzutun –, doch die Folge war dieselbe wie im ersten Beispiel. Welche Gewichtung sollten Absicht und Folge erhalten, wenn solche Tatbestände moralisch bewertet werden?

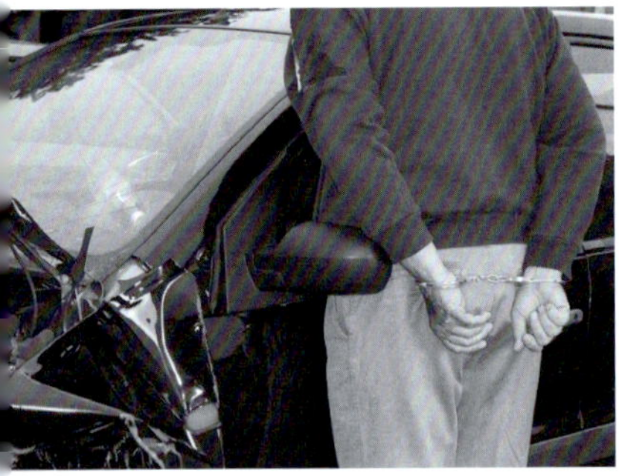

Ist es richtig, dass ein betrunkener Fahrer eine härtere Strafe bekommen, wenn er unglücklicherweise einen Fußgänger erfasst, als wenn ihm glücklicherweise kein Fußgänger begegnet? Ist es richtig, dass der Fahrer, der einen Mord begeht, härter bestraft wird, als der betrunkene Fahrer, auch wenn die Folgen dieselben sind?

Welche Rolle spielt die Intention?

Nach Immanuel Kant ist der Ausgang einer Handlung unwesentlich, solange wir gute Absichten haben. Demzufolge ist es ehrenhaft, wenn jemand in einen Fluss springt, um einen Ertrinkenden zu retten, egal ob es ihm gelingt oder nicht. Selbst eine durchkreuzte Absicht ist bedeutsam. Wenn jemand bei dem Versuch, Gutes zu tun, jemanden verletzt, ist die Handlung an sich gut, weil die Intention gut war. Gleichermaßen bleibt eine misslungene böse Tat selbst bei gutem Ausgang unmoralisch.

Es kommt ganz auf einen selbst an

Kants Sicht ist intentionalistisch, d.h. dass eine Handlung hinsichtlich ihrer Moral einzig durch ihre Absicht (Intention) bestimmt wird. Jede Handlung hängt vom Verursacher und nicht

Auch wenn sich eines der Kinder an den Süßigkeiten verschlucken sollte, so war es nach Kants Ansicht doch eine gute Tat, sie zu teilen.

vom Betroffenen ab – ein idealer philosophischer Ausgangspunkt für die Ich-Generation. Die Beurteilung der Handlung besteht in der Beurteilung der Person, die sie ausführt. Ein und dieselbe Handlung kann moralisch unterschiedlich bewertet werden, je nach der Absicht, die dahintersteckt.

Nach einer rein intentionalistischen Anschauungsweise hätten beide betrunkenen Fahrer dieselbe Strafe erhalten – Führerscheinentzug oder Gefängnis.

Die Konsequenzen ertragen

Die entgegengesetzte Betrachtungsweise ist der Konsequentialismus. Er konzentriert sich bei der Beurteilung einer Handlung als entscheidendes Kriterium auf das Resultat (Konsequenz). Nach konsequentialistischer Sichtweise ist die Intention hinter einer Handlung unwesentlich, was in mancher Hinsicht unserem Gerechtigkeitsempfinden entspricht. Das würde bedeuten, dass der betrunkene Fahrer, der fahrlässig einen Menschen getötet hat, härter bestraft werden sollte als der betrunkene Fahrer, der über die rote Ampel gefahren ist, ohne jemandem zu schaden.

Das blutige Gesetzbuch

Im 18. Jahrhundert wurden in Großbritannien immer mehr Vergehen mit der Todesstrafe bestraft. Um 1800 gab es 220 Kapitalverbrechen, dazu gehörte z. B. der Umgang mit Zigeunern für länger als einen Monat, Bosheit bei Kindern zwischen 7–14 Jahren sowie Vermummung beim Begehen eines Verbrechens. (Bei letzterem Vergehen wurde der Schuldige vermutlich zweimal zum Tode verurteilt – einmal für die Vermummung und einmal für das eigentliche Verbrechen.) Die Strafe wurde als Abschreckung verhängt. Der englische Politiker George Saville sagte im 17. Jahrhundert: „Menschen werden nicht gehängt, weil sie Pferde gestohlen haben, sondern damit sie keine stehlen."

Aber es geht um mehr als um Absichten und Folgen. Der Tatbestand der Trunkenheit am Steuer befindet sich in einem weitläufigen System von Gerechtigkeit, Vergeltung und Abschreckung. Wir brauchen gesetzliche Strafen, um die tatsächlichen und die möglichen Folgen zu berücksichtigen. Zu milde Strafen vermitteln den Eindruck, eine Straftat gelte als nicht schwerwiegend. Die Opfer fühlen sich unterbewertet und andere Täter werden von derselben Tat nicht abgehalten. Zu schwere Strafen hingegen würden nach hinten losgehen: Wenn Trunkenheit am Steuer wie Mord geahndet würde, käme es zu anderen Straftaten, wie z. B. Unfall- oder Fahrerflucht, auch bei harmlosen Unfällen.

Die Meinung, die Todesstrafe sei ungerecht, führte zu einer Verweigerung, sie zu verhängen. Die Gerichte begannen, eindeutig Schuldige als unschuldig zu betrachten und bereits gefällte Urteile wurden umgewandelt oder aufgehoben. So wurden z. B. in Großbritannien von 35 000 Todesurteilen in der Zeit von 1770 bis 1830 nur 7000 tatsächlich vollstreckt. Anstatt der Todesstrafe wurden englische Gefangene in Strafkolonien deportiert, z. B. nach Australien. 1823 wurde das englische Strafrecht reformiert und die Todesstrafe nur noch bei Mord und Landesverrat verhängt.

Wie beurteilen wir die Folgen?

Der Konsequentialismus stellt die Frage, wie wir Konsequenzen, also Folgen einer Handlung, in gut und schlecht unterteilen und wer das beurteilen kann. Man kann die Auswirkungen auf einzelne Individuen oder Personengruppen in Betracht ziehen – das wäre der utilitaristische Ansatz. Ebenso muss eine Handlung je nach ihren kurz- oder langfristigen Auswirkungen gewertet werden.

Konsequenzen können mehr oder weniger vorhersehbar sein. Manchmal sind die Folgen einer Handlung nicht absehbar. Stellen Sie sich vor, Adolf Hitler wäre als kleiner Junge in einen Fluss gefallen und ein vorbeikommender guter Samariter hätte ihn gerettet. Kurzfristig wäre es eine gute Tat mit guten Konsequenzen gewesen und dem Retter des Knaben wären Lob und Anerkennung sicher gewesen. Rückblickend hätte er ihn allerdings besser ertrinken lassen sollen, da die Folgen seiner Rettung der Zweite Weltkrieg und der Holocaust waren. Natürlich kann niemandem die Schuld dafür gegeben werden, nicht in die ferne Zukunft blicken zu können.

Ein radikaler Konsequentialist würde sagen, dass eine Handlung falsch ist, sobald sie schlechte Konsequenzen hat, egal ob sie vorhersehbar sind oder nicht – doch nur wenige würden ein Kind ertrinken lassen, weil die Möglichkeit besteht, dass es sich zu einem Kriegsverbrecher entwickelt.

Angenommen Sie kaufen einem Kind ein billiges Spielzeug. Es ist schlecht und fehlerhaft verarbeitet, was Sie jedoch nicht

Lehrreiches aus China

Der Konsequentialismus begegnet uns erstmals im China des 5. Jahrhunderts v. Chr., als der Philosoph Mozi sein Augenmerk nicht auf das Wohlergehen des Individuums lenkte, sondern auf die Auswirkungen einer Handlung auf die gesamte Gesellschaft. Als erstrebenswert erachtete er eine stabile soziale Ordnung, ausreichenden Wohlstand und Bevölkerungswachstum. Seine Zeit war von Kriegen und Hungersnöten gekennzeichnet, weshalb steigende Bevölkerungszahlen für das Überleben des Landes unabdingbar waren.

erkennen. Das Spielzeug geht kaputt und das Kind verletzt sich. Die Folgen waren vorhersehbar – eine andere Person hätte den fehlerhaften Zustand des Spielzeugs vielleicht bemerkt, doch Ihnen ist es nicht aufgefallen. Die möglichen Auswirkungen wurden jedoch nicht erkannt oder gar beabsichtigt. War die Handlung nun also moralisch verwerflich? Gesetzt den Fall, Sie hätten den mangelhaften Zustand des Spielzeugs zwar bemerkt, ihn aber nicht für bedeutsam erachtet? Dann wären die Auswirkungen vorhersehbar, aber nicht beabsichtigt gewesen. War es falsch, dem Kind das Spielzeug zu geben? Nur, wenn Sie damit gerechnet hätten, dass sich das Kind verletzt, wären die Auswirkungen vorhersehbar *und* beabsichtigt gewesen.

Wer sollte mögliche Konsequenzen herausfinden? Wenn wir es dem einzelnen Individuum überlassen, kämen wir an den Punkt, dass eine klügere Person eine größere Schuld für ihre Fehler trägt, da sie eher dazu in der Lage ist, Auswirkungen vorherzusehen. Manche Philosophen schlagen zur Entscheidungsfindung einen hypothetischen, unabhängigen und vernünftigen Beobachter vor. Andere sagen, nur ein allwissender Betrachter könnte wirklich urteilen. Dadurch wird es grundsätzlich schwierig, ausreichende Vorkehrungen zu treffen, um die Folgen ihrer Handlungen abschätzen zu können.

Der erste Vorschlag ist noch am ehesten umsetzbar und gestattet nach gewissenhafter Vorsorge, die möglichen Auswirkungen zu erkennen und verantwortungsvoll zu handeln. Die Möglichkeit, durch Trunkenheit am Steuer einen Unfall zu verursachen, liegt nahe. Ein betrunkener Fahrer macht sich daher schuldig, weil er das Risiko für einen Unfall, dessen sich ein vernünftiger Beobachter bewusst gewesen wäre, hätte erkennen müssen. Die Wahrscheinlichkeit, dass aus einem vor dem Ertrinken geretteten Kind ein Kriegsverbrecher wird, ist gering und nicht vorhersehbar. Adolf aus dem Wasser zu ziehen, wäre also als gute Tat zu erachten.

Die Schlussfolgerung des Konsequentialismus ist, dass keine Handlung an sich als richtig oder falsch bezeichnet werden kann, insofern als ihr Ausgang ihre Moral bestimmt. Auch Handlungen, die als unzweifelbar unmoralisch erachtet werden, können unter bestimmten Bedingungen richtig sein.

Sollten wir einfach nur die Gesetze befolgen?

Das Leben wäre ermüdend schwerfällig, wenn wir bei jeder einzigen Handlung mögliche Konsequenzen überdenken würden. Stattdessen können wir die Abkürzung über Gesetze und religiöse Regeln wählen, die uns die Gesellschaft zur Verfügung stellt. Unsere Regelwerke basieren grundsätzlich auf einem konsequentialistischen Ansatz: Wir legen Regeln auf der Grundlage fest, was unter verschiedenen Umständen alles passieren kann. Diese Annahmen gründen auf Erfahrungen aus der Vergangenheit. Auch wenn Trunkenheit am Steuer sehr oft keine schwerwiegenden Auswirkungen hat, ist sie dennoch verboten. Doch es gibt auch Situationen, in denen Gesetze nicht besonders hilfreich sind. Jedes Land hat Gesetze gegen den Mord an Menschen, doch wenn in einem Klassenzimmer voller Kinder jemand das Feuer eröffnet und der Schütze vom Lehrer getötet wird, so würde er allgemein als Held gefeiert werden.

Jede Handlung individuell zu bewerten, wird „Handlungskonsequentialismus" genannt. Der tapfere Lehrer, der den Amokläufer tötet, verfolgt diesen Ansatz. Für den Alltag ist er nicht besonders praktisch, da vor jeder Handlung abgewogen werden muss, welche Auswirkungen sie haben könnte. Das Leben würde nur schleppend vonstatten gehen und wäre dennoch nicht vorhersehbar, da die Menschen in unterschiedlichen Situationen verschieden handeln. In einigen Fällen könnte die Verzögerung der Entscheidung bereits negative Auswirkungen haben. Eine Person mit praktischem Wissen würde vielleicht bessere Entscheidungen fällen als ein sehr unerfahrener, junger Mensch.

> ***„Das beste Argument für den Regelkonsequentialismus ist, dass er besser funktioniert, um unsere moralischen Überzeugungen zusammenzubringen und uns bei unseren moralischen Widersprüchen und Unsicherheiten zu helfen.“***
>
> Brad Hooker, Philosophie-Professor, Universität v. Reading

Beide wären in ihrer Entscheidungsfähigkeit also unterschiedlich effektiv. Viele Menschen würden hauptsächlich positive Konsequenzen für sich selbst und ihre Familie zu erzielen versuchen, wobei es dem Regelkonsequentialismus um das Wohl der Gemeinschaft (oder ihrem Großteil) geht. In Ausnahmefällen – wie im Beispiel des heldenhaften Lehrers und des Amokschützen – kann eine konsequentialistische Handlung zu den besten Ergebnissen führen.

Einen Kompromiss zwischen den beiden Positionen stellt der Zweistufen-Konsequentialismus von R. M. Hare und Peter Singer dar. Er besteht aus einer Kombination von Handlungskonsequentialismus und Regelkonsequentialismus. Wenn die Auswirkungen einer Handlung zuverlässig vorhergesehen werden können, greift der Handlungskonsequentialismus, sind sie nur schwer vorhersehbar, springt der Regelkonsequentialismus ein.

Die Lehre vom Handeln und Unterlassen

In manchen Fällen werden Handlungen und Unterlassungen aus moralischer Sicht gleich bewertet. Wenn man jemanden retten kann, indem man etwas nicht tut – wenn man z. B. das Versteck von Straftätern nicht verrät –, ist die Unterlassung einer Handlung gleichermaßen moralisch bedeutsam, als würde man aktiv handeln und die Straftäter aktiv verstecken. Dennoch werden Handlung und Unterlassung unterschiedlich behandelt. Der Tod eines schwer kranken Patienten aufgrund der Einstellung der Behandlung oder lebenserhaltender Maßnahmen hat dasselbe Resultat, als würde man ein Kissen auf sein Gesicht drücken und ihn dadurch ersticken. Ein medizinisches Ethik-Komitee würde eines der ersten beiden Beispiele eventuell noch billigen, jedoch nicht das dritte Beispiel. Das Erste ist eine Unterlassung, das Dritte eine Handlung und das Zweite befindet sich irgendwo dazwischen.

Kapitel 18

Ist in der Liebe und im Krieg alles erlaubt?

Vieles kann damit gerechtfertigt werden, dass der Zweck die Mittel heiligt – doch stimmt das wirklich und wer kann das entscheiden?

Zweck und Mittel

Die moralphilosophische Betrachtungsweise, dass eine Handlung nach ihren Konsequenzen zu beurteilen ist, wird, wenig überraschend, „Konsequentialismus“ genannt (siehe *„Das war doch keine Absicht“ – Macht das einen Unterschied?* Seite 117). Wenn wir sagen, dass der Zweck die Mittel heiligt, sind mit Zweck die Konsequenzen gemeint.

Ob der Zweck die Mittel heiligt, hängt von folgenden Punkten ab:

- ob der Zweck überhaupt zu rechtfertigen ist,
- ob der Zweck erfüllt wird,
- von den angewandten Mitteln.

Angenommen ein Staat greift einen anderen an, um einen furchtbaren Diktator zu entmachten, und setzt sich dabei darüber hinweg, dass er sich in die inneren Angelegenheiten des anderen Staates nicht einzumischen hat. Wenn das Ziel rasch und ohne Blutvergießen erreicht ist, wird es kaum Einwände geben. Doch wenn dabei 100 000 Zivilisten ums Leben kommen, stellt sich die Frage, ob der Zweck die Mittel rechtfertigt. Wenn dabei

jedoch 100 000 Zivilisten getötet werden und der Despot dennoch nicht abgesetzt werden konnte? Würde der Zweck ein Gemetzel dieser Art dann noch rechtfertigen? Die Absicht war immer dieselbe, doch die Konsequenzen unterschiedlich.

Gerechter Krieg?

Wann ist ein Krieg gerecht? „Nie", möchte man antworten, doch vielleicht wären wir schon längst von eroberungshungrigen Tyrannen überrannt worden, wenn wir nicht darauf vorbereitet wären, uns zu verteidigen – wie die meisten Menschen meinen. Die Idee des gerechten Krieges ist schon sehr alt und versucht, zwei sich widersprechende Grundsätze miteinander in Einklang zu bringen:

- Es ist falsch, Menschen zu töten.
- Ein Staat hat die Pflicht, seine Bürger zu schützen.

Manchmal scheinen Stärke und Gewalt die einzigen Mittel zu sein, um unschuldige Leben zu verteidigen.

Der römische Politiker und Philosoph Cicero (106–43 v.Chr.) sah die einzige Rechtfertigung für den Krieg in Rache und Verteidigung. Er müsse nur ordnungsgemäß erklärt werden und als letzter Ausweg gelten, nachdem Kompensationsleistungen angeboten und abgelehnt wurden.

Für Augustinus (354–430) war Krieg stets Sünde, dennoch erkannte er, dass es ihn immer geben wird. Zu rechtfertigen sei er allenfalls, wenn er die Sünde bekämpft, womit auch Eindringlinge und grausame Despoten gemeint waren. Der Begriff „Sünde" ist jedoch problematisch. Die Kreuzfahrer hielten die Moslems für ungläubige Sünder, die sie mittels eines Religionskriegs bekehren und von der Sünde befreien wollten – in der heutigen Zeit völlig inakzeptabel. Im Prinzip könnte jede Religion diese Position beziehen – und so würden wir ewig kämpfen, um die Sünden derer zu vermeiden, die der falschen Religion angehören. Augustinus sah den Krieg auch als Strafe, was heute ebenso wenig als Ursache angenommen wird. Weder Cicero noch Augustinus hätten einen Krieg aus Grausamkeit oder zur Erweiterung des Territoriums gebilligt.

> ***„Wir suchen nicht den Frieden, um im Krieg zu leben, aber wir gehen durch den Krieg, um Frieden zu haben. Seid daher friedfertig im Krieg, auf dass ihr die besiegen könnt, gegen die ihr Krieg führt, und führt sie zum Wohl des Friedens."***
>
> ***„Ein gerechter Krieg gilt gewöhnlich der Rache, um eine Nation oder einen Staat zu bestrafen, oder um zurückzuerhalten, was unrechtmäßig entwendet wurde."***
>
> Augustinus, 4. Jahrhundert

Augustinus erachtete den Krieg als geringeres Übel, insofern er ein größeres Unheil vermeiden konnte. Thomas von Aquin überdachte 800 Jahre später die Mittel des Krieges, das sogenannte „*jus in bello*", das Recht im Krieg, dessen grundsätzliche Prinzipien sich im Lauf des 16. Jahrhunderts dann etablierten.

Der gerechte Krieg

Ein Krieg kann nur unter zwei Bedingungen als gerecht gelten:

- ***Jus ad bellum*** **(Recht zum Krieg): Der Einsatz von militärischer Gewalt ist gerechtfertigt.**
- ***Jus in bello*** **(Recht im Krieg): Der Krieg wird ethisch korrekt durchgeführt, Gefangene werden fair behandelt.**

Den Zweck beurteilen

Um zu beurteilen, ob ein Zweck gut ist, müssen wir zunächst ermitteln, was „gut" ist. Das ist nicht so einfach, wie es klingt. Insgesamt gesehen ist es besser, lebendig als tot und frei als im Gefängnis zu sein (es sei denn, als freier Mensch müsste man hungern und im Gefängnis bekäme man zu essen).

Können die vielen menschlichen Opfer von Nuklearwaffen militärisch gerechtfertigt werden?

Doch über andere Dinge kann man sich streiten. Sollten wir einen Diktator stürzen, um einem Land die Demokratie zu bringen? Wer vermag zu sagen, dass Demokratie etwas Gutes ist?

Außergewöhnliche Maßnahmen

In Zeiten von Krieg und Not gelten oftmals andere Regeln. Soldaten werden erschossen, weil sie desertieren, Plünderer werden hingerichtet, weil sie Erdbebenopfer oder unbewachte Läden ausrauben und unschuldige Menschen werden verhört und eingesperrt, weil man sie für ein Sicherheitsrisiko hält. Man erachtet die ergriffenen Maßnahmen

Kann Folter gerechtfertigt werden?

Derzeit wird immer wieder darüber debattiert, ob die Auslieferung von Häftlingen in Länder, in denen gefoltert wird und Methoden wie „*Waterboarding*" (eine Foltermethode des simulierten Ertränkens) angewendet werden, vertretbar ist. Dabei kommt die Frage auf, welche Mittel im Krieg angewendet werden dürfen.

Ist Folter aus utilitaristischen Gründen zu verteidigen? Wenn damit Informationen zutage gefördert werden, die das Leben unschuldiger Menschen retten, könnte die Schädigung des Häftlings durch den größeren Nutzen gerechtfertigt werden. Argumente gegen die Folter können pragmatisch – was jedoch nicht funktioniert – oder ethisch sein. Aus ethischer Sicht besteht ein moralisches Argument gegen Folter in den seelischen Schäden, die sie hinterlässt. Folter wird oftmals als „verstärkte Befragung" bezeichnet. Diese Umschreibung legt die Vermutung nahe, dass Folter als inakzeptabel erachtet wird (nach internationalem Recht ist sie verboten) und ein schlechtes Licht wirft. Ist Unehrlichkeit nicht gleichermaßen unmoralisch, oder ist es völlig einerlei, welchen Namen man der Sache gibt?

als das kleinere Übel. Ob der Zweck die Mittel heiligt, ist eine utilitaristische Überlegung zur Entscheidungsfindung.

Eine andere Möglichkeit liegt darin, erst gar nicht zu versuchen, die Mittel zu rechtfertigen. Einige politische Philosophen sind der Ansicht, dass im Krieg letztendlich alle Mittel gerechtfertigt sind, sofern der Zweck gerechtfertigt ist. Wenn unschuldige Zivilisten sterben müssen, um einen schnellen Sieg zu gewährleisten, dann muss es eben so sein. Andere wiederum halten einige Handlungen in einem Krieg für grundsätzlich unmoralisch und nicht zu rechtfertigen, wie z. B. den Angriff von Krankenhäusern. Mit anderen Worten: Ethische Standpunkte werden von der Brutalität des Krieges oftmals eingeholt. Manche Philosophen nehmen einen pragmatischen Standpunkt ein und erachten den Krieg als ethisch nicht bewertbar. Andere gehen noch weiter und verorten den Krieg fernab von jeglicher Ethik.

„Unter allen Fürsten ist es dem neu an die Macht gekommenen unmöglich, den Ruf der Grausamkeit zu vermeiden, da eine neuerworbene Herrschaft voller Gefahren ist."

Machiavelli, 1532

Aus der Sicht des Diktators

Niccolò Machiavelli, der Autor der staatsphilosophischen Schrift *Der Fürst*, erachtete die Mittel für gerechtfertigt, solange der Zweck der richtige war. Für einen Fürsten (oder politischen Führer) war dies, seine Macht zu erhalten. Machiavelli war eher amoralisch als unmoralisch. Die von ihm empfohlenen Maßnahmen sind an erfolgreiche Herrscher gerichtet – den Despotismus ausgenommen, nicht etwa, weil er ihn als falsch erachtete, sondern weil Despoten zu viele Feinde haben und umsturzgefährdet sind.

Kapitel 19

Können wir eine perfekte Gesellschaft schaffen?

Wird es immer Armut und korrupte Politiker geben oder könnte alles viel besser sein? Und wie können wir das erreichen?

Die meisten von uns schimpfen über die moderne Gesellschaft und die Regierung – das ist nichts Neues. Jede Regierung in der Geschichte hätte es besser machen können. Doch kann es überhaupt eine Gesellschaft gut genug machen?

„Die aus mehreren Dörfern sich bildende vollendete Gemeinschaft nun aber ist bereits der Staat, welcher, wie man wohl sagen darf, das Endziel völliger Selbstgenügsamkeit erreicht hat, indem er zwar entsteht um des bloßen Lebens, aber besteht um des vollendeten Lebens willen. Drum, wenn schon jene ersten Gemeinschaften naturgemäße Bildungen sind, so gilt dies erst recht von jedem Staat, denn dieser ist Endziel von jenen; die Natur ist eben Endziel, denn diejenige Beschaffenheit, welche ein jeder Gegenstand erreicht hat, wenn seine Entwicklung vollendet ist, eben diese nennen wir die Natur desselben, wie z. B. die des Menschen, des Rosses, des Hauses. Auch ist das Ziel und der Endzweck das Beste, die Selbstgenügsamkeit ist aber der Endzweck und das Beste."

Aristoteles, Politik

Vorstellungen von der Stadt

Es ist bereits 2400 Jahre her, dass der griechische Philosoph Platon seine Schrift *Die Republik* verfasste, in der er am Beispiel eines hypothetischen Staates darüber nachdachte, wie Gesellschaft am besten funktionieren kann. In seiner Modellrepublik liegt die Macht bei den Philosophen. Seiner Ansicht nach kennen nur sie die „Idee“ der Gerechtigkeit (metaphysischer Idealismus) und sind dadurch am besten geeignet, sie in der Gesellschaft umzusetzen. Platon war kein Freund der Demokratie, die für ihn gleich nach der Diktatur kam.

Platons Vorstellung wurde kritisiert, weil sie totalitären Systemen Vorschub leiste. Gerechterweise sollte man nicht vergessen, dass er seine Schrift mehr als zwei Jahrtausende vor dem Bestehen totalitärer Regime verfasste und nicht wissen konnte, wie schlimm es dabei zugehen kann.

Auch wenn Tyrannen scheinbar ein gutes Leben haben, so kommen sie nach Platon nie „in den Genuss von wahrer Freiheit und Freundschaft“.

Eine andere bekannte Vorstellung einer Gesellschaft ist Thomas Morus’ *Utopia* (1516), die sowohl als Idealvorstellung wie auch als satirische Kritik am England seiner Zeit gedacht sein könnte. In Utopia gibt es kein Privateigentum. Alle Güter und Waren werden in einem Lagerhaus aufbewahrt. Jeder erhält, was er benötigt. Alle Häuser sehen gleich aus und die Menschen müssen alle zehn Jahre umziehen, um sich nicht zu sehr an ihre Behausung zu klammern. Jedem Haushalt stehen zwei Sklaven zur Verfügung, die aus Nachbarländern geholt wurden oder bei denen es sich um Straftäter aus Utopia handelt. Alle tragen dieselben Kleider und müssen in regelmäßigen Abständen in der Landwirtschaft arbeiten. Ebenso erlernen die Einwohner jeweils ein nützliches Handwerk. Jeder arbeitsfähige Mensch ist zur Arbeit verpflichtet, egal ob Mann oder Frau, und beide Geschlechter üben alle Berufe aus. Schon als Kinder werden besonders lernfähige Individuen ausgewählt und durch besondere Bildung

Die Ideal-Republik

In Platons Idealstaat gibt es keine Diskriminierung zwischen Mann und Frau. Sie erhalten die gleiche Ausbildung und übernehmen dieselben Rollen. Es gibt zwar keine Sklaven, aber dennoch eine gesellschaftliche Hierarchie (vier Klassen), die kaum Bewegungsspielraum bietet. Die Kinder werden in der Gemeinschaft großgezogen und kennen ihre Eltern nicht. Die Erwachsenen werden zur Paarung nach genetischen Gesichtspunkten ausgewählt. Dadurch werden Familienbande sowie Vetternwirtschaft vermieden und es entsteht dagegen eine stärkere Bindung mit dem Staat und dem Besitz der Gemeinschaft. Junge Menschen erlernen nur nützliche Dinge – keine Dichtkunst oder andere unnützen Künste. Um Korruption zu vermeiden, ist der herrschenden Klasse Wohlstand nicht erlaubt. Wer etwas erzeugt, kann arm oder reich sein. Die Philosophen-Könige werden unter den Kriegern ausgewählt und unterliegen den stärksten Einschränkungen. Bevor sie ihr Amt antreten, werden sie 50 Jahre lang ausgebildet.

und Erziehung vorbereitet, um später die Regierungsgeschäfte zu übernehmen. Beamte behalten ihre Position nur so lange, wie sie gute Arbeit leisten. Gold wird zur Herstellung von Ketten verwendet, mit denen Verbrecher gefesselt werden – es ist dadurch nicht weiter gefragt. Schmuck und Juwelen werden nur von Kindern getragen und im Erwachsenenalter abgelegt, weil sie als kindisch gelten.

Zwischen Morus' Utopia und kommunistischen Staaten wie der ehemaligen UdSSR sind viele Gemeinsamkeiten festzustellen.

„Das Leben in Morus' Utopia wäre unerträglich stumpfsinnig. Vielfalt ist grundlegend für das Glück, wovon es in Utopia allerdings nicht viel gibt."

Bertrand Russell, 1945

Es gibt noch zahlreiche andere fiktive Stadtstaaten, die eine ideale Regierungsform oder eine satirische Darstellung der eigenen Gesellschaft repräsentieren sollen. Bei der Darstellung einer idealen Regierungsform kommt aber stets die Frage auf, ob eine perfekte Gesellschaft überhaupt möglich ist.

Alle gemeinsam?

Sowohl Platon als auch Morus haben einen kollektivistischen Ansatz. Sie betrachten Gesellschaft als einen Organismus, der als solcher mehr ist als die Summe seiner einzelnen Individuen. Es wäre schön, wenn alles, was für die Gesellschaft gut ist, auch dem Einzelnen nützt – doch das scheint nicht so zu sein. Kaum jemand würde gerne in einer Gesellschaft leben, in der seine Eltern nach genetischen Kriterien ausgewählt wurden, die Kinder von den Eltern getrennt aufgezogen werden und weder die Einrichtung des Heims noch die Kleidung oder der Arbeitsplatz wählbar sind. Auf diese Weise wird versucht, Neid und Zwietracht zu vermindern, um eine funktionierende Gesellschaft zu gewährleisten, die alle mit dem versorgt, was an sich notwendig und erfolgversprechend ist. Jedoch würden sich nur wenige von uns entscheiden, in so einer Gesellschaft zu leben.

Wir legen heute einen größeren Wert auf Freiheit, Entscheidungsmöglichkeiten und persönliche Entfaltung des Einzelnen. Die meisten vergleichen eine stärkere staatliche Regulierung mit dem überregulierten Zustand in einigen ehemals kommunistischen Ländern. Vielleicht hat sich unsere Sichtweise verändert, weil viele grundlegende Bedürfnisse befriedigt werden (zumindest in der entwickelten Welt). Unsere Schwerpunkte haben sich verlagert und wir sind anspruchsvoller geworden.

Wozu ist eine Gesellschaft überhaupt gut?

Wenn sich die Gesellschaft im ständigen Spannungsfeld zwischen den Anforderungen der Gruppe und der des Einzelnen befindet – wozu gibt es sie dann überhaupt?

Aristoteles hielt das Zusammenschließen der Menschen für natürlich. Wir profitieren von einem Leben in Gemeinschaft, das uns Sicherheit, Kameradschaft sowie eine größere Vielfalt an

Die meisten Wissenschaftler sind sich darüber einig, dass der Klimawandel durch den Menschen verursacht wird. Doch es werden keine Maßnahmen ergriffen, die uns alle schützen und den persönlichen Interessen des Einzelnen übergeordnet sind.

Waren bietet. Wir opfern etwas von unserer Freiheit zugunsten des größeren Vorteils, in einer Gesellschaft zu leben und einen „Gesellschaftsvertrag" einzugehen.

Der englische Philosoph Thomas Hobbes (1588–1679) hatte ein negativeres Menschenbild. Er war der Auffassung, dass wir uns fortwährend gegenseitig bekämpfen und nichts Erstrebenswertes schaffen würden, wenn wir nicht in einer Gesellschaft lebten. Andernfalls müssten wir ununterbrochen auf der Hut sein, um nicht hinterhältig erschlagen zu werden. Wir tauschen unsere natürlichen Rechte in einem Gesellschaftsvertrag gegen moralische Pflichten ein, die uns Schutz bieten.

Hobbes listet die Naturgesetze auf, wobei er einräumt, dass es sich nicht um „Gesetze" im eigentliche Sinn handelt, da sie von niemandem durchgesetzt werden. Besonders bedeutsam sind die ersten beiden: (1) Jeder hat das Recht, alles zu tun. (2) Jeder muss bereit sein, dieses Recht aufzugeben, sobald es die anderen auch tun. Der Grund dafür, einer Gemeinschaft beizutreten und damit zu akzeptieren, von anderen beherrscht zu werden, ist die „Vorsorge für den eigenen Schutz und ein zufriedeneres Leben". Er ging davon aus, dass die Bestrebungen der Menschen so unterschiedlich sind, dass eine Gesellschaft dem unmöglich gerecht werden könnte. Einfacher wäre es, sie zur Vermeidung der schlimmsten Sünde – gewaltsamer Mord – auszurichten, was von den meisten Menschen als etwas Schlechtes erachtet wird.

„Zur Freiheit gezwungen“

Rousseau glaubte, dass wir Neid, Habgier und die daraus resultierende Unzufriedenheit erst durch das Leben in der Gesellschaft entwickeln. In unserem Naturzustand sind diese Eigenschaften nicht vorgesehen.

Der französische Philosoph Jean-Jacques Rousseau (1712-1778) vertrat die entgegengesetzte Ansicht. Er hielt den Menschen im Naturzustand für edelmütiger als in der Gesellschaft, die in ihm das Schlimmste zutage fördert. Mit dem Gesellschaftsvertrag tauschen wir unsere angeborene, natürliche Freiheit gegen eine andere Form der Freiheit aus. Unglücklicherweise werden die Menschen von allen bestehenden Gesellschaften (er meinte die des 18. Jahrhunderts) unterworfen, ohne ihnen die Freiheit zu geben, die sie brauchen. In einer gerechten Gesellschaft sind die Gesetze schriftlich niedergelegt und werden zum Wohle aller eingehalten. Durch die Entscheidung, in einer Gesellschaft zu leben, und durch das Akzeptieren des Gesellschaftsvertrags sind wir befreit. Genaugenommen sind wir zur Freiheit gezwungen, da wir die Gesetze befolgen müssen, die uns befreien. Rousseau leugnete unsere individuellen Rechte, die wir in einem Staat mit einer ordnungsgemäßen Verfassung gar nicht benötigen sollten.

Das Recht auf Revolution

In der Mitte zwischen Hobbes und Rousseau sind David Hume und John Locke anzusiedeln. Sie meinten, der Gesellschaftsvertrag müsse dem Einzelnen sein Recht auf Besitz und Eigentum garantieren. Wenn die Menschen eine Gesellschaft bilden, brauchen sie notwendigerweise eine Art Oberhaupt oder Herrscher. Dessen Macht wird begrenzt durch das Recht des Einzelnen auf Besitz und darauf, ihn selbst zu kontrollieren. Wenn die Regierung dieses Recht verletzt, sind die Untertanen berechtigt, sich gegen sie aufzulehnen und umzustürzen, damit diese Prinzipien wiedereingesetzt werden können. Das Volk kann sogar zur Revolution verpflichtet sein.

Die Linke und die Rechte

Der rechte und der linke Flügel in der Politik haben im Hinblick auf die Gesellschaft sehr unterschiedliche Ansichten. Der linke Flügel neigt zu öffentlichem Eigentum, Versorgung des Volks und Eingriffen von oben, damit die Gesellschaft funktioniert. Die extreme Position ist der Kommunismus, in dem die Produktionsmittel zum Wohl der Menschen in den Besitz der Arbeiterklasse übergehen. Der rechte Flügel zieht das Privateigentum vor und hält sich aus sozialem Engagement heraus, im Glauben, der freie Markt würde immer wieder für ein Gleichgewicht sorgen. Rechte Politik beinhaltet ein Stück von Darwins Evolutionstheorie, nach der sich der Stärkere durchsetzt.

Die Annahme, dass die Kräfte des Marktes alles wieder ins Lot bringen, stürzte die Armen im London viktorianischer Zeit in extreme Not. Welche Verantwortung hat eine Gesellschaft gegenüber ihren ärmsten Mitgliedern?

Wer kann es sich aussuchen?

Aufgrund ihrer Vorgeschichte können sich die meisten Länder ihr Regierungssystem nicht aussuchen, als handle es sich dabei um ein unbeschriebenes Blatt. Doch wenn das möglich wäre, hätte der amerikanische Philosoph John Rawls (1921–2002) eine gute Idee. Seine „*Justice as Fairness*"-Theorie (etwa „Recht als Gerechtigkeit") ist ein Vorschlag, die Rechte des Individuums dadurch zu schützen, dass Ressourcen und Güter gerecht verteilt werden. Er schlägt vor, nochmal von vorne anzufangen und eine neue gesellschaftliche Ordnung zu schaffen, deren Rechtssystem ohne jegliche Kenntnis der eigenen künftige Position des Einzelnen in der Gesellschaft festgelegt wird: Jeder kann sowohl Herrscher als auch Arbeiter oder Arbeitsloser sein.

In vielen postapokalyptischen Filmen schließen sich Überlebende mit guten oder schlechten Absichten zu Gangs zusammen: die ersten Anfänge einer neuen Gesellschaft.

Kapitel 20

Sind manche Menschen gleicher als andere?

Wir behaupten, die Gleichheit zu fördern – tun wir das wirklich? Und was ist „Gleichheit" überhaupt?

„Erinnere dich, dass derjenige, den du Sklave nennst, von derselben Herkunft ist, vom selben Himmel beschienen wird und genau wie du atmet, lebt und stirbt."

Seneca, 1. Jahrhundert

Was bedeutet Gleichstellung?

Gleichstellung in einer Gesellschaft kann vieles bedeuten: gleiche Rechte, Chancengleichheit oder gleicher Zugang zu Ressourcen und Gütern. Die meisten Menschen sind der Ansicht, dass wir von Anfang an alle dieselben Rechte haben. Wo liegt ihr Ursprung und inwiefern sind wir wirklich alle gleich?

Die UN-Menschenrechtscharta hält folgende Grundrechte fest:

- Alle Menschen sind frei und gleich an Würde und Rechten geboren. (Art. 1)
- Jeder hat Anspruch auf die in dieser Erklärung verkündeten Rechte und Freiheiten ohne irgendeinen Unterschied, etwa nach Rasse, Hautfarbe, Geschlecht, Sprache, Religion, politischer oder sonstiger Überzeugung, nationaler oder sozialer Herkunft, Vermögen, Geburt oder sonstigem Stand. (Art. 2)

Sklaven auf dem Weg in die Neue Welt. Dort waren sie nicht in der Lage, ihr Leben und ihre Freiheit zu genießen und nach Glück zu streben. Sie waren Eigentum.

- Niemand darf der Folter oder grausamer, unmenschlicher oder erniedrigender Behandlung oder Strafe unterworfen werden. (Art. 5)
- Niemand darf willkürlich festgenommen, in Haft gehalten oder des Landes verwiesen werden. (Art. 9)
- Jeder hat als Mitglied der Gesellschaft das Recht auf soziale Sicherheit und Anspruch darauf [...] in den Genuss der wirtschaftlichen, sozialen und kulturellen Rechte zu gelangen, die für seine Würde und die freie Entwicklung seiner Persönlichkeit unentbehrlich sind. (Art. 22)

Wir halten diese Wahrheiten für ausgemacht, dass alle Menschen gleich erschaffen wurden, dass sie von ihrem Schöpfer mit gewissen unveräußerlichen Rechten begabt wurden, worunter Leben, Freiheit und das Streben nach Glückseligkeit sind.

US-Unabhängigkeitserklärung, 1776

Sind wir von Geburt an frei und gleich?

Aristoteles meinte, dass wir *nicht* von Geburt an gleich sind. Manche werden als Sklaven und somit zur Sklaverei geboren, andere hingegen als Herren. Jean-Jacques Rousseau stellte später fest, dass bei dieser Feststellung Ursache und Wirkung verwechselt wurden. Wer in die Sklaverei hineingeboren wird und als Sklave aufwächst, wird auch als Sklave leben. Wird er oder sie jedoch von Geburt an von der Sklaverei befreit und nicht von Sklaveneltern aufgezogen, wird zu jeder anderen Person kein Unterschied bestehen. Niemand ist aus genetischen Gründen ein Sklave.

Aristoteles' Ansicht von der Sklaverei wurde schon früh hinterfragt. Bereits die Stoiker gingen davon aus, dass alle Menschen dieselben Rechte haben. *„Nichts ist bedeutsamer, als zu begreifen, dass wir Menschen zur Gerechtigkeit geboren sind und das Fundament des Rechts nicht in der individuellen Meinung, sondern in der Natur liegt."* (Cicero)

Die Vorstellung, dass der soziale Status nicht angeboren ist und kein Individuum, nicht einmal als Kriegsgefangener, einfach so einem anderen unterstellt werden kann, war revolutionär.

„Es ist ein Fehler, anzunehmen, dass die Sklaverei das Wesen eines Menschen ganz durchdringt; der beste Teil von ihm ist davon ausgenommen: Der Körper ist tatsächlich seinem Herrn unterworfen, doch sein Geist ist so frei und unbändig, dass er nicht einmal durch das Gefängnis des Körpers, in den er eingesperrt ist, beherrscht werden kann.

Seneca der Jüngere,
1. Jahrhundert

Natürliche und unveräußerbare Rechte

Dass alle Menschen dieselben und unveräußerbaren Rechte haben, wurde während der Aufklärung besonders bedeutsam. John Locke nannte sie die Rechte auf Leben, Freiheit und Eigentum, die später in die amerikanische Unabhängigkeitserklärung miteingingen. Unveräußerbare Rechte sind jene, die durch einen Gesellschaftsvertrag (die angenommene Übereinkunft zwischen Bürger und Regierung) nicht aufgehoben werden können. Die Verteidigung der Sklaverei mit dem Argument, die Sklaven

„Alle Menschen sind von Natur aus in gleicher Weise frei und unabhängig und besitzen bestimmte angeborene Rechte, welche sie ihrer Nachkommenschaft durch keinen Vertrag rauben oder entziehen können."

Virginia Declaration of Rights (Grundrechteerklärung von Virginia), 1776

hätten ihre Rechte freiwillig aufgegeben, war ungültig, da diese Rechte niemals aufgegeben werden können.

Andere unveräußerbare Rechte sind das Recht auf Glaubensfreiheit und das Persönlichkeitsrecht, die im Lauf der Geschichte immer wieder von den Regierungen unterschlagen wurden. Verfolgung aus Glaubensgründen war im Lauf der Geschichte immer wieder üblich und die Unterdrückung der Persönlichkeitsentfaltung war ein besonderes Kennzeichen totalitärer Systeme im 20. Jahrhundert.

„Unsinn auf Stelzen"

Die Vorstellung von Naturrechten basiert auf der Annahme, dass es etwas gibt, das „natürlich" ist und dass es so etwas wie „Recht" oder „Gerechtigkeit" gibt – die Philosophen würden sagen: auf der Annahme der Existenz von Universalien oder eines Gottes bzw. einer Einheit namens Natur, die Rechte und Regeln festlegt.

Jeremy Bentham bezeichnete die Vorstellung von Naturrechten als *„nonsense on stilts"* („Unsinn auf Stelzen"). Für ihn konnten

„Jedermann ist selbst verantwortlich für seinen Glauben und dass er richtig glaubt. So wenig wie ein anderer für mich in die Hölle oder in den Himmel gehen kann, so wenig kann er an meiner Stelle glauben oder nicht glauben; und so wenig wie er für mich die Tür zum Himmel oder zur Hölle öffnen und schließen kann, so wenig kann er mich zum Glauben oder Unglauben bringen. Da der Glaube eine Frage des Gewissens des Einzelnen ist, durch die die weltliche Macht nicht geschmälert wird, sollte sich jeder um seine eigenen Angelegenheiten kümmern und den Menschen gestatten, das eine oder das andere zu glauben, soweit sie fähig und willens sind, und niemanden mit Gewalt dazu bringen."

Martin Luther, 1523

Rechte nur durch eine Regierung festgelegt werden oder auf Traditionen beruhen. Somit konnten sie also auch nicht unveräußerbar sein. Wenn sie nicht natürlich sind, sind sie kulturell bestimmt und somit abhängig von Zeit und Ort, je nach den verschiedenen Traditionen und Rechtssystemen.

Ist Macht „richtig"?

Für Bentham entstehen Rechte erst dann, wenn Menschen interagieren oder miteinander in gesellschaftlichen Kontakt treten. Hatte Robinson Crusoe Rechte? Hatte er das Recht, im Meer zu fischen und die Früchte der Bäume zu ernten? Oder sind die Naturrechte in der Einsamkeit nicht gültig? Hatte er das Recht, Freitag als Diener zu behandeln?

Freitag begibt sich auf das Land, das Crusoe für sich beansprucht – gehört es Crusoe? Gilt für ihn die Erklärung der Menschenrechte, die ihm das Recht auf Besitz zuspricht? Gibt sie Freitag das Recht, etwas von der Insel zu besitzen?

Kallikles, der vor 2500 Jahren in Athen lebte, glaubte an die Vorherrschaft des Stärkeren und dessen Richtigkeit als einzigem „natürlichem" Recht. Der Sozialdarwinismus orientiert sich am „Überleben des Stärkeren" und sah darin (anders als Darwin es jedoch gemeint hatte) die Rechtfertigung für den Sieg der Starken über die Schwachen. Wenn die Menschen „bestimmte unveräußerbare Rechte" haben – woher kommen sie dann? Wenn sie durch die Gesellschaft vergeben werden, sind sie weder universal noch natürlich.

Natürliche Ungleichheit

Ein Blick auf die Menschheit zeigt, dass wir mit sehr unterschiedlichen Fähigkeiten auf die Welt kommen, auch wenn wir vielleicht mit denselben natürlichen Rechten geboren werden. Manche Menschen sind stärker als andere, manche

Das „Richtige“ an der falschen Philosophie hebräischer Propheten und am weinerlichen Messias auszurichten ist eine Verrücktheit. Recht ist kein Abkömmling von Lehre, sondern von Macht. Alle Gesetze, Gebote oder Lehrmeinungen, wie nicht zu tun, was einem auch selbst nicht getan werden soll, haben keine ihnen innewohnende Autorität, sondern erhalten sie lediglich durch die Keule, den Galgen und das Schwert. Ein wahrhaft freier Mensch ist keiner Anordnung gegenüber verpflichtet, egal ob sie menschlichen oder göttlichen Ursprungs ist. Gehorsam ist das Zeichen für Entartung, Ungehorsam das Zeichen des Helden.“

Leo Tolstois Fazit der sozialdarwinistischen Schrift *Might is Right*, 1890

attraktiver und einige sind klüger oder musikalischer als andere. Unsere individuellen Fähigkeiten sind sehr unterschiedlich und – je nach Epoche und kulturellem Kontext – von der Gesellschaft nicht gleichermaßen geschätzt. Früher war körperliche Stärke wesentlich bedeutsamer als in unserer Zeit, in der wir nicht mehr gegen wilde Tiere kämpfen oder sie jagen müssen, um uns mit Nahrung zu versorgen. Manche hochgeschätzten Fähigkeiten erscheinen fragwürdig: Profisportler verdienen immense Mengen an Geld und ebenso schätzen wir die Talente von Schauspielern, Schriftstellern, Malern und Musikern. Violine zu spielen oder Skulpturen zu schaffen sind zwar keine überlebenswichtigen Fähigkeiten, dennoch schätzen wir künstlerisch begabte Personen, die uns unterhalten, nicht weniger als solche, die praktische Talente haben. Die Tatsache, dass wir nicht alle mit denselben Fähigkeiten ausgestattet sind, ist nützlich, und Nutzen zieht weitere Formen der Ungleichheit nach sich.

Haben die Menschen ein natürliches Recht darauf, nicht diskriminiert zu werden, oder ist es ein gesellschaftlich konstruiertes Recht? Oder ist es überhaupt kein Recht?

Gleiche Möglichkeiten?

Das Recht auf gleiche Möglichkeiten oder eine gleiche Behandlung ist nicht allgemeingültig, jedoch ist es in manchen Rechtssystemen verankert. Es

> ***„Jedem Mitglied der Gesellschaft muss es möglich sein, jeden beliebigen gesellschaftlichen Rang zu erlangen [...], den ihm sein Talent, seine Fähigkeiten und sein Glück ermöglichen; und andere sollen ihn aufgrund erblich bedingter Vorrechte nicht daran hindern.“***
> Immanuel Kant

Von den 1920ern bis in die 1970er-Jahre wurden die Kinder im israelischen Kibbuz gemeinsam großgezogen und verbrachten pro Tag nur zwei bis drei Stunden mit ihren Eltern. Nurit Leshem, die ebenfalls in einem Kibbuz aufwuchs, berichtet: „Wir wurden erzogen, um alle gleich zu sein; aber dennoch waren wir alle unterschiedlich.“

stellt sicher, dass sich jedermann auf jede Arbeitsstelle bewerben kann, mit dem Bus fahren und sich kleiden kann, wie er möchte – ungeachtet der Hautfarbe, der ethnischen Zugehörigkeit oder der religiösen Überzeugungen.

Kants Sichtweise (*siehe Zitat*) scheint gerecht zu sein, allerdings sind seine Vorgaben nicht einfach umzusetzen, da alle Kinder eine andere Ausgangsposition und andere Eltern haben. Gesellschaftliche Institutionen können auf das Zuhause eines sechs Monate alten Babys keinen Einfluss nehmen, um es geistig zu fördern. Wir können den Vorteil einiger gegenüber anderen nicht verhindern, ohne Menschenrechte zu verletzen.

Ist es richtig, dass Reiche ihren Kindern eine bessere Schulbildung ermöglichen können als andere? Darüber gibt es sehr unterschiedliche Ansichten.

Was ist möglich und zugleich fair?

Was bedeutet Chancengleichheit? Heißt es, dass alle Zugang zu denselben Dingen haben? Oder zu den Dingen, die für den Einzelnen nützlich und sinnvoll sind? Und wer entscheidet darüber?

Chancengleichheit zur Umsetzung des individuellen Potentials erfordert unterschiedliche Maßnahmen – ein musikalisch begabtes Kind profitiert von Musikunterricht, der einem guten Sportler hingegen eventuell nicht viel nützt. Wie bei jedem gesellschaftlichen Problem besteht die Schwierigkeit in den unterschiedlichen Ausgangsniveaus. Manche Menschen haben schon von Geburt an gewisse Vorteile und andere wiederum sind aus historischen Gründen benachteiligt. Eine mögliche Antwort auf dieses Problem könnte Rawls „gerechte Chancengleichheit" sein, mit der Nachteile ausgeglichen werden könnten. Allerdings ist es eine umstrittene Maßnahme – nicht zuletzt, weil damit genau das Gegenteil erreicht werden kann, da auch hierbei eine Person aufgrund von Geburt, ethnischer Zugehörigkeit, Geschlecht usw. gegenüber einer anderen vorgezogen wird.

Der politische Philosoph Robert Nozick (1938–2002) und der Wirtschaftswissenschaftler Milton Friedman (1912–2006) setzten sich gegen Maßnahmen zur Durchsetzung der Chancengleichheit ein, mit der Begründung, dass dadurch die Rechte der Einzelnen, frei über ihre Fähigkeiten zu verfügen, eingeschränkt würden.

Manche sind gleicher als andere

„Alle Tiere sind gleich, aber manche Tiere sind gleicher als andere."
George Orwell, *Farm der Tiere*, 1945

George Orwells *Farm der Tiere* ist eine Satire der UdSSR unter Lenin und Stalin. Sie zeigt, wie eine Revolution, die alle gleich machen sollte, schon bald in einer anderen Gewaltherrschaft endet, in der manche hungern, während andere im Wohlstand leben.

Wirtschaftswissenschaftler halten eine Gesellschaftsform, in der keine horizontale Ungleichheit (Ungleichheit zwischen Menschen mit gleichen Fähigkeiten und Ausgangspositionen) auftritt, für unmöglich. Robert Nozick zeigte auf, wie Ungleichheit entsteht (um gegen den Versuch, einen gleichen Wohlstand für alle zu erreichen, zu argumentieren). Stellen wir uns eine Gesellschaft vor, in der jeder zu Beginn 100 $ besitzt. Ein Sportler – in seinem Beispiel nannte Nozick den ehemals in den USA legendären Basketballspieler Wilt Chamberlain – erklärt sich bereit, in der Öffentlichkeit zu spielen, wenn ihm jeder seiner Zuschauer 25 Cent gibt. Am Ende der Spielsaison besitzt er 250 000 $, weil ihn so viele Menschen spielen sehen wollten. Die 25 Cent haben sie freiwillig bezahlt. Warum sollte man ihm das Geld wieder abnehmen? Chancengleichheit schließt mit ein, dass jeder dieselben Möglichkeiten hat, Erfolg oder Misserfolg zu haben, reich oder arm zu werden, was nicht grundsätzlich zum gleichen Ergebnis führen muss. Was ist zu bevorzugen? Eine eher rechts orientierte Politik tendiert zu einer Gleichstellung der Möglichkeiten, eine eher links orientierte Politik zu einer Gleichstellung beim Ergebnis.

In Gesellschaftsformen, die alle gleich zu behandeln versuchten, wie z. B. die frühere UdSSR, gab es Maßnahmen zur Förderung sportlicher oder musikalischer Talente – jedoch zu Ehren des Staates und weniger zur individuellen Selbstverwirklichung.

Chancengleichheit für wen?

Viele Menschen in der wirtschaftlich entwickelten Welt unterstützen die Idee der Chancengleichheit, dennoch würden sie den Zuzug von Einwanderern lieber beschränken. Wir setzen uns zwar für eine faire Behandlung der Arbeiter in unserem Land ein, kaufen aber dennoch billige Waren, die unter katastrophalen Arbeitsbedingungen im Ausland hergestellt werden. Wir sind zwar der Ansicht, dass Männer und Frauen sowie Menschen mit unterschiedlichem ethnischen Hintergrund die gleichen Rechte haben, dennoch verdienen Frauen im Durchschnitt erheblich weniger als Männer und Schwarze landen wesentlich häufiger im Gefängnis als Weiße. Sind wir wirklich der Meinung, dass alle Menschen von Geburt an gleich sind, oder gilt das nur für die, die so sind wie wir?

Kapitel 21

Sollten wir einem etwas wegnehmen, um es unter vielen anderen zu verteilen?

Wie wägen wir ab zwischen dem Nutzen des Einzelnen und von vielen?

Im Jahr 2013 war die Wirtschaft Zyperns in einem katastrophalen Zustand (wie auch in einigen anderen Ländern, wenn Sie sich erinnern). Durch eine beispiellose und unpopuläre Maßnahme nahm die zypriotische Regierung 60 Prozent der Bankeinlagen im Wert von mehr als 100 000 € in Beschlag. Betroffen waren hauptsächlich russische Oligarchen, die Zypern als Steuerparadies genutzt hatten, ebenso jedoch einfache Bürger aus Zypern. Die Enteignung der reichsten Anleger konnte womöglich eine größere Anzahl von ärmeren Zyprioten vor großer Not retten, wenn der Devisenmarkt und das Bankwesen zusammenbrachen. War das richtig?

Das Beste für alle

Der zypriotische „Geldraub" könnte durch den Utilitarismus gerechtfertigt werden. Er hat den Grundsatz, dass sich das moralische Urteil einer Handlung daran ausrichtet, in welchem Maße sie Glück fördert und Not lindert. Was einer möglichst hohen Zahl an Menschen am meisten nützt, ist allem anderen vorzuziehen.

„Glück" bedeutet in diesem Sinn Freude und Freiheit von Not. Freude bedeutet nicht etwa Wein, Weib und Gesang, sondern erstreckt sich auf höhere geistige Ebenen. Der Utilitarismus ist keine Rechtfertigung für ein selbstherrliches und genusssüchtiges Leben. Weil das Glück aller dieselbe Bedeutung hat, erfordert der Utilitarismus auch persönliche Opfer. Die meisten moralischen und rechtlichen Prinzipien, ja sogar gute Manieren, haben eine utilitaristische Grundlage. Wenn Stehlen verboten ist, profitieren wir davon,

> ***„Handlungen sind richtig, wenn sie dem Glück förderlich sind, schlecht, wenn sie dazu neigen, das Gegenteil von Glück zu erzeugen."***
>
> John Stuart Mill, 1863

Der Philosoph Jeremy Bentham wurde nach seinem Tod auf eigenen Wunsch mumifiziert. Die Mumie nimmt gelegentlich an Sitzungen des University Colleges in London teil.

Das Hedonistische Kalkül

Welcher Handlungsverlauf die besten Auswirkungen hat, ist nicht immer unmittelbar augenfällig. Jeremy Bentham (1748–1832), auf den der klassische Utilitarismus zurückgeht, erstellte das „Hedonistische Kalkül", um die utilitaristische Lösung von verzwickten Problemen zu vereinfachen. Dabei wird Freude und Leid anhand von sechs Kriterien bestimmt:

- **Intensität**
- **Dauer**
- **Gewissheit oder Ungewissheit: Wie wahrscheinlich oder unwahrscheinlich tritt es ein?**
- **Zeitliche Nähe oder Entfernung: Wie bald wird etwas eintreten?**
- **Ergiebigkeit: Wie viele ähnliche Eindrücke entstehen dadurch?**
- **Reinheit: Wie wahrscheinlich ist es, dass dabei gegenteilige Eindrücke entstehen?**

Die Gesamtpunktzahl für Freude oder Leid wird dann mit der Anzahl an Menschen multipliziert, die jeweils betroffen sind. Wenn als Ergebnis die Freude überwiegt, ist die Handlung zu billigen; überwiegt das Leid, ist sie besser zu vermeiden.

weil wir nicht ständig darauf achten müssen, wer gerade hinter uns herläuft, um uns vielleicht unseren Riesendöner oder unseren Laptop zu klauen. Insgesamt scheint der Utilitarismus ganz gut zu funktionieren.

„Einzig Freude und die Freiheit von Leid sind erstrebenswert [...] Alles Wünschenswerte ist nur aufgrund des ihm innewohnenden Potentials an Freude wünschenswert oder weil es die Freude fördert und das Leid verhindert."

John Stuart Mill

Menschen als Handelsware

Gegen den Utilitarismus gibt es etliche logische Einwände. Einerseits scheint es unmenschlich, das Glück der Menschen wie eine Handelsware zu betrachten. Die Ausbeutung weniger durch viele scheint dadurch gerechtfertigt zu werden. Wird das Leid eines Sklaven, der im Kolosseum von den Löwen zerfleischt wird, dadurch gerechtfertigt, dass 100 000 Römer zuschauen und sich daran erfreuen?

Wir könnten sagen, dass die Freude der glücklichen Zuschauer so groß ist, dass sie das Leid des Sklaven aufwiegt. Oder wir könnten sagen, die Zuschauer empfinden dabei eigentlich keine Freude und das Erlebnis ist eher erniedrigend und muss vielmehr als Leid bezeichnet werden denn als Freude. Doch es gibt auch Beispiele aus unserer Zeit, bei denen der gesunde Menschenverstand mit utilitaristischen Ergebnissen nicht in Einklang zu bringen ist.

Unter bestimmten Bedingungen könnten auch persönliche Gefühle verhindern, dass das „Richtige" getan wird. Stellen Sie sich vor, mit zehn anderen Personen als Geisel gehalten zu

Bei der Verhandlung mit Entführern müssen gefährdete Leben rasch gegen mögliche weitere Entführungen abgewogen werden.

Ein Gedankenexperiment: Das ungastliche Krankenhaus

Stellen Sie sich fünf Patienten in einem Krankenhaus vor, die eine Transplantation von lebenswichtigen Organen benötigen. Ein im Grunde gesunder Patient kommt zu einer Routineoperation ins Krankenhaus. Der Chirurg könnte ein Missgeschick vortäuschen, ihn töten und mit seinen Organen das Leben von fünf anderen Menschen retten. Oder soll er den gesunden Patienten heilen und die anderen sterben lassen? Der gesunde Menschenverstand sagt uns, dass der Chirurg den gesunden Patienten nicht töten sollte. Wenn man nach dem Grund fragt, würden die meisten sagen, dass es Pech ist, wenn die anderen sterben müssen, dass es jedoch Mord wäre, den gesunden Patienten zu töten oder dass es nicht im Ermessen des Chirurgen liegt, zu entscheiden, wer sterben und wer leben sollte. Doch warum nicht? Entscheidet er nicht bereits schon ab dem Moment, in dem er sich der Sache bewusst ist? Ist es nicht ebenso Pech, einem utilitaristisch denkenden Chirurgen in die Hände zu fallen?

werden. Die Geiselnehmer wollen eine bestimmte Person töten, können sie aber nicht ermitteln. Ihnen ist sie bekannt. Wenn sie durch niemanden benannt wird, wird die Hälfte der Geiseln getötet. Wenn Sie anzeigen, wer es ist, wird nur diese eine Person getötet. Würden Sie die Person anzeigen? Was wäre, wenn Sie die Person wären? Wenn es Ihr Partner oder Ihr Kind wäre?

Der Utilitarismus würde verlangen, dass Sie die Person preisgeben, egal um wen es sich handelt. Doch Ihr Gewissen, emotionale Anteilnahme und Ihr Eigennutz werden Ihre Entscheidung beeinflussen. Die Problematik des Utilitarismus liegt darin, dass er von uns verlangt, nach streng logischen und emotionslosen Kriterien zu handeln, wozu Menschen einfach nicht in der Lage sind.

Die einen und die anderen

Alle Wirtschaftssysteme versuchen, zwischen dem Eintreiben von Geld von den Reichen und dessen Verteilung unter Ärmeren einen Ausgleich zu finden. Das Ziel, den meisten das beste

2012 kam es zu Protesten gegen staatliche Sparmaßnahmen, von denen die Mehrheit der Bevölkerung („99%") betroffen war. Nach den Prinzipien des Utilitarismus sind diese Maßnahmen nicht sinnvoll, doch die Regierungen halten weiterhin daran fest, um eine noch größere Not in der Zukunft zu verhindern.

Wohlergehen zu ermöglichen, ist ein guter Weg, um an der Macht zu bleiben. In einer Demokratie werden die Menschen nicht die Regierung wählen, die keine Balance schafft. Im schlimmsten Fall werden sich die Menschen erheben und die Regierung stürzen, die ein extremes Ungleichgewicht herstellt. Wenn es den meisten Menschen gut geht, ist eine Regierung stabil. Wenn viele Menschen überwiegend unglücklich sind, wird die Situation sehr schwierig.

Die meisten Menschen sehen die Ursache für die Bankenkrise, die bereits 2007 ihren Anfang nahm, in der Unersättlichkeit einiger weniger Menschen zulasten einer großen Zahl von ärmeren Menschen. Die *Occupy*-Bewegung (mit dem Motto „Wir sind die 99%", *siehe Bild*) identifiziert sich mit 99% der Bevölkerung – und zwar mit all denen, die von dem Boom der vorangegangenen Jahre nicht profitiert haben. Diese Überlegung entspricht der natürlichen utilitaristischen Neigung zu glauben, dass sich die moralische Vertretbarkeit einer Handlung daran bemisst, ob sie möglichst vielen einen möglichst großen Vorteil bringt.

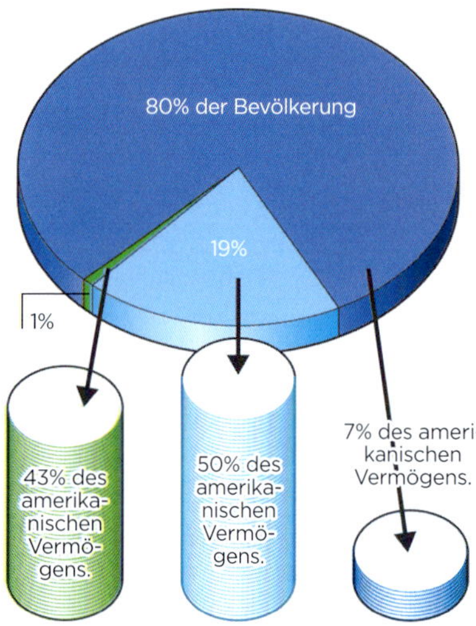

Im Jahr 2007, unmittelbar vor der Bankenkrise, besaßen 1% der amerikanischen Bevölkerung 43% des gesamten Vermögens. Die unteren 80% hatten nur einen Anteil von 7%.

Kapitel 22

Was wäre, wenn das alle täten?

Die Gesellschaft bietet auch Raum für Abtrünnige – aber was wäre, wenn wir alle eine Sonderstellung wollten?

Die goldene Regel lautet, dass wir alle so behandeln sollten, wie wir selbst behandelt werden wollen (siehe *Dürfen wir Hexen verbrennen?* Seite 108). Kant hatte eine ähnliche Auffassung, die er den „kategorischen Imperativ" nannte.

Tugendhaft leben

Es hat schon immer Menschen gegeben, die versuchten, ein tadelloses und tugendhaftes Leben zu leben. Dies lässt sich auf zwei Arten erreichen: entweder, indem man sein Leben in den Dienst anderer stellt bzw. es in Gemeinschaft verbringt, oder indem man den Verlockungen des Lebens entsagt und nach Erleuchtung und Gelassenheit durch Besinnung oder Gebet sucht. Kein Philosoph hat je ein Konzept entwickelt, bei dem man vier Häuser und eine Yacht besitzen sollte.

> ***„Eher geht ein Kamel durch ein Nadelöhr, als dass ein Reicher in das Reich Gottes gelangt."***
> Matthäus 19:23

Die Selbstsüchtigkeit der Selbstlosigkeit

Der griechische Philosoph Diogenes (400–325 v. Chr.) trieb die Entsagung der Verlockungen des Lebens bis ins Extreme. Er war der ultimative Asket. Er wohnte in einem großen Fass auf der Agora (dem Marktplatz im antiken Griechenland) und besaß nur so viel, wie er tragen konnte. Er hatte ein oder zwei Lumpen und eine Trinkschale. Als er dann einen Knaben sah, der seine Hände zu einer Schale formte und daraus trank, betrachtete er auch seine Trinkschale als Luxus und warf sie auf den Boden. Er verdiente kein Geld, weil ihn das dem Materialismus unterworfen hätte, den er ja ablehnte, und ernährte sich von dem, was er fand oder was man ihm gab. Diogenes lehrte, dass der Weg zum Glück in einem möglichst natürlichen Leben „in Einklang mit der Natur" lag – indem man die wichtigsten Bedürfnisse des Körpers so einfach wie möglich befriedigte und allen Besitz und persönliche Bindungen aufgab. Von seinen Anhängern verlangte er, sich dem Gespött zu stellen, um sich im Loslassen zu üben.

Wie auch Mönche und andere Religionszugehörige machte Diogenes sein Leben von der Freigiebigkeit anderer abhängig. Doch anders als bei den Mönchen war seine Askese nicht Teil eines anerkannten spirituellen Systems, das einer ganzen Gemeinschaft von Nutzen war, sondern es entsprach den Richtlinien für seine persönliche Erleuchtung. Für Diogenes mag das alles ja gut gewesen sein, doch war es gerecht, so

> ***„Handle nur nach derjenigen Maxime, durch die du zugleich wollen kannst, dass sie ein allgemeines Gesetz werde."***
> Immanuel Kant, 1785

zu leben? Er konnte sich nur loslösen und erleuchtet werden, weil andere bereit waren, ihm von ihrer Nahrung etwas abzugeben.

Was wäre, wenn alle einfach aufhörten, zu arbeiten, ihre Habe weggäben und in einer Tonne lebten? Die Gesellschaft würde stagnieren und es gäbe auch keine Tonnen mehr, in denen man leben könnte.

Kant weiß es besser

Diogenes hätte bei Kant keine Chance gehabt. Sein kategorischer Imperativ besagt, dass jeder Grundsatz, nach dem wir leben, auf alle ausgeweitet werden können muss. Da die Gesellschaft kollabieren würde, wenn keiner mehr produktiv tätig wäre und alle in einer Tonne leben würden, ist dieser Entwurf einer Lebensweise nicht zulässig.

Aber das Problem stellt sich uns ja auch nicht. Es ziehen keine Scharen von Menschen über die Marktplätze, um nach einer Tonne zu suchen. Es geben nicht alle ihren Besitz weg und

Poledance auf Syrisch

Die Säulenheiligen waren Asketen des frühen Christentums, die auf Säulen oder Masten in der Wüste lebten. Der erste Säulenheilige war Symeon Stylites der Ältere, der um 423 auf seine Säule stieg und dort 37 Jahre bis zu seinem Tod blieb. Von dieser Form der Askese gab es mehrere Varianten. Theodoret von Cyrus, ein Zeitgenosse von Symeon von Stylites, berichtete von einem Eremiten, der länger als zehn Jahre in einem an zwei Stangen befestigten Bottich lebte. Vom heiligen Alypius wird berichtet, er habe 67 Jahre auf einer von ihm selbst errichteten Säule gelebt. Die ersten 53 Jahre stand er aufrecht, als seine Beine ihn jedoch nicht mehr tragen konnten, verbrachte er die übrige Zeit im Liegen. Es scheint ihm nichts ausgemacht zu haben, denn es wird berichtet, dass er 118 Jahre alt wurde.

kappen ihre sozialen Bindungen. Die meisten Menschen wollen nicht wie Diogenes leben.

Heißt das, es gibt keinen Platz für bettelnde Asketen? Vermutlich kommt es auf den Zusammenhang an. Im Mittelalter gab es in Europa viele Wander- und Bettelmönche, die von Almosen lebten und als Gegenleistung für die Seelen der Gesellschaft beteten, die für sie sorgte. Sie tauschten Gebete, die viele Menschen für wertvoll erachteten, gegen Nahrung oder andere benötigte Dinge. Jeder, der einem Bettler ein Almosen gab, tat das um seiner selbst willen, denn er glaubte, dadurch geadelt zu werden oder Vergebung zu erfahren.

In gewissem Sinne erweisen von der Gesellschaft abhängige Asketen dieser einen Dienst, denn eine freigiebige Lebensweise ist für den, der gibt, von spirituellem Nutzen. Auch ein vor Weisheit sprühender Philosoph geht im Prinzip mit der Gesellschaft, die er eigentlich verachtet, einen Handel ein und bekommt Nahrung, eine Tonne oder eine Säule. Das funktioniert nur so lange, wie genügend Leute da sind, denen der spirituelle Nutzen, den ihnen die Asketen verschaffen, etwas bedeutet, und nicht zu viele Menschen in einer Tonne leben wollen.

Alle für einen, aber nicht einer für alle

Kants Imperativ wird meistens auf Lebensstile angewendet, die in vieler Hinsicht egoistisch sind. Wenn zu viele Menschen über ihre Verhältnisse leben, gerät alles aus den Fugen. Das hat sich erst kürzlich mit der Bankenkrise von 2008 bestätigt. Zu viele Menschen hatten einen Lebensstil, der im Hinblick auf ihren Verdienst und ihre Produktivität für die Gesellschaft nicht tragbar war.

Viele Systeme sind darauf gegründet, dass die meisten Menschen „etwas Richtiges“ tun – von der Sozialversicherung (die nur funktioniert, solange die Mehrheit einbezahlt und nur die etwas bekommen, die wirklich bedürftig sind) bis hin zu staatlich organisierten Impfkampagnen (durch die eine „Herdenimmunität“ erreicht und gefährliche Krankheiten unter Kontrolle gebracht werden sollen).

In der Gesellschaft ist auch Platz für Einzelne, die sich vom gemeinschaftlichen Wohlstand abkoppeln – und sie wird auch nicht zusammenbrechen, solange es nicht zu viele sind. Doch

MMR-Impfung: eine praktische Lektion über den kategorischen Imperativ

1998 erschien in der medizinischen Zeitschrift *The Lancet* (etwa: Das Skalpell) ein Artikel, der die Dreifachschutzimpfung gegen Masern, Mumms und Röteln für Autismus bei Kindern verantwortlich machte. Daraufhin nahmen viele Eltern von dieser Impfung für ihre Kinder Abstand. 2008 kam es daraufhin erstmals nach 14 Jahren in Großbritannien zu einer Masernepidemie – eine unmittelbare Auswirkung der gesunkenen Impfzahlen. Auch in Deutschland und in anderen europäischen Ländern gibt es seit 2005 immer wieder größere Ausbrüche.

Die Krankheiten, gegen die die Impfung schützt, können lebenslange Schäden hinterlassen oder sogar zum Tod führen. Wenn aber ausreichend viele Menschen geimpft sind, werden die wenigen Nichtgeimpften durch die „Herdenimmunität" geschützt, d.h. die Immunität der Mehrheit, durch die die Ausbreitung einer Krankheit erschwert wird. Wenn nicht genügend Menschen geimpft sind, sind alle Nichtgeimpften gefährdet. Hatten die Eltern ein Recht dazu, sich an die Herdenimmunität anzuhängen (auf Kosten anderer), ohne das geringe Risiko einzugehen, das sie mit der Impfung verbunden sahen? Die Impfung verursacht nachgewiesenermaßen keinen Autismus – es bestand also kein Risiko. Doch der Verlust der Herdenimmunität führte in Großbritannien zu vielen Krankheitsfällen und in vier Fällen sogar zum Tod.

gibt das irgendwem das Recht dazu, auszusteigen? Symeon Stylites und Diogenes haben nicht von staatlichen Almosen gelebt – die Menschen haben ihnen freiwillig etwas abgegeben, insofern war es ein sich selbst beschränkendes System.

Es scheint, als hätte Kant zumindest teilweise recht gehabt – doch vielleicht verlangt er einfach zu viel. Das Leben würde auch nicht funktionieren, wenn wir alle Feuerwehrmann werden wollten. Eine Gesellschaft funktioniert, weil die Menschen unterschiedliche Dinge wollen. Sie kann eine gewisse Anzahl von Menschen unterstützen, die abweichende Bedürfnisse haben, doch muss ein gewisses Gleichgewicht erhalten bleiben. Wenn es jedoch kippt – weil z.B. alle sich mehr leihen, als sie in der Lage sind, zurückzuzahlen – stellt sich die Katastrophe ein.

Kapitel 23

Können Roboter selbstständig denken?

Sollte uns das beunruhigen?

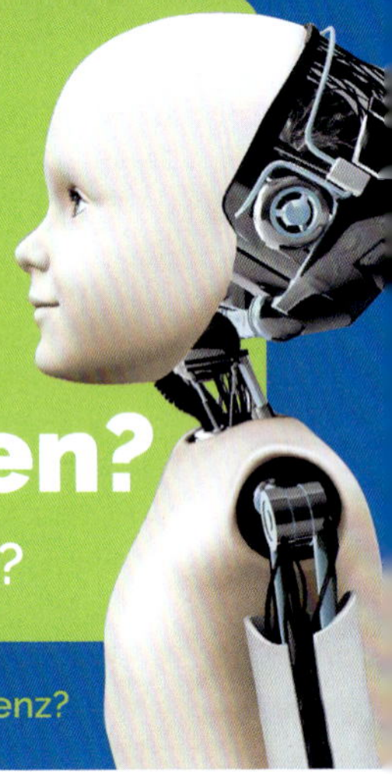

Wo sind die Grenzen der künstlichen Intelligenz?

In vielen Science-Fiction-Filmen und -Romanen übernehmen Roboter die Welt und beginnen daraufhin, die Menschheit auszurotten. Könnte das wirklich geschehen? Sollen wir zulassen, dass es so weit kommen könnte?

Urangst

Das Wort „Roboter" taucht erstmals in dem Theaterstück *R. U. R. (Rossums Universal-Robots)* des tschechischen Schriftstellers Karel Čapek auf, in dem eine selbstreproduzierbare Art von Robotern, die ursprünglich als Sklaven hergestellt wurden, sich gegen die Menschheit auflehnt und versucht, sie zu vernichten.

Die Angst vor der Übernahme durch die Roboter ist also so alt wie die Roboter selbst. Ist so etwas grundsätzlich möglich?

Was wäre, wenn ...?

Das übliche Szenario ist, dass von Menschen gebaute Roboter früher oder später ein Bewusstsein erlangen. Dann erheben sie sich und richten Verwüstung an. Sie können ein durch und durch logisches Wesen haben und schon bald herausfinden, dass die

Menschen eine Plage sind und so dumme Dinge anstellen, wie z. B. das Klima zu verändern.

Oder sie können mit ihrem niedrigen Status unzufrieden werden, sich langweilen, immer dieselben stumpfsinnigen Arbeiten zu verrichten und sich dagegen auflehnen, wie Sklaven behandelt zu werden. Die erste Möglichkeit ist für jeden Roboter mit unabhängiger Intelligenz möglich; für die zweite Möglichkeit muss der Roboter die Empfindung haben, ausgebeutet zu werden oder nach etwas Besserem streben – er braucht also eine Art Bewusstsein. Für beides ist künstliche Intelligenz erforderlich, eine Art Vernunft oder Lernfähigkeit, die das einfache Programmieren übersteigt.

„Wir sind nicht sicher vor der höchsten Stufe eines mechanischen Bewusstseins und tatsächlich besitzen Maschinen bereits jetzt schon ein bisschen Bewusstsein – jedenfalls mehr als eine Schnecke. Denken Sie an den außergewöhnlichen Fortschritt, den man beim Bau von Maschinen in den letzten hundert Jahren gemacht hat, und halten Sie den Fortschritt in der Tier- und Pflanzenwelt dagegen. Im Vergleich dazu gibt es hochentwickelte Maschinen erst seit fünf Minuten."

Samuel Butler, *Erewhon*, 1872

Die drei Gesetze der Robotertechnik

Der Science-Fiction-Autor Isaak Asimov stellte in seiner Kurzgeschichte *„Runaround"* von 1942 die drei Gesetze der Robotertechnik (Robotik) auf:

1. **Ein Roboter darf niemals einen Menschen verletzen oder durch Unterlassung zulassen, dass ein Mensch zu Schaden kommt.**
2. **Ein Roboter muss den Anweisungen durch die Menschen Folge leisten, es sei denn, es besteht ein Widerspruch mit Gesetz 1.**
3. **Ein Roboter muss sich selbst schützen, solange er dadurch nicht in Konflikt mit den ersten beiden Gesetzen gerät.**

Später fügte Asimov noch ein nulltes Gesetz hinzu:

0. **Ein Roboter darf der Menschheit keinen Schaden zufügen oder durch Unterlassung zulassen, dass die Menschheit zu Schaden kommt.**

Verbotene KI

Manche Science-Fiction-Romane handeln von der Machtübernahme der Roboter, andere berichten vom Verbot künstlicher Intelligenz. In der Vorgeschichte von Frank Huberts Romanreihe *Der Wüstenplanet* kam es etwa 10 000 Jahre vor der geschilderten Handlung zu einem Befreiungskrieg der Menschen gegen die Übermacht der denkenden Maschinen. Von da an galt das Gebot: „Ihr sollt keine Maschinen nach dem Abbild des Menschen machen."

Die Einzigartigkeit

Um den Moment zu bezeichnen, an dem die künstliche Intelligenz (KI oder auch AI wie artifizielle Intelligenz) die Fähigkeiten des Menschen übertrifft und somit in der Lage ist, sich selbst zu verbessern und mächtiger zu werden, wählte der amerikanische Mathematiker Vernor Vinge 1993 den Begriff „Singularität" oder „Einzigartigkeit". Sehr schnell würde die KI damit eine Stufe der Intelligenz erreichen, die sich weit jenseits von unserem Verständnisvermögen befindet. Die Ära des Menschen würde dann an ihr Ende kommen. Die Singularität ist für viele Science-Fiction-Autoren der Moment, wenn die Maschinen die Macht übernehmen, die Menschheit zerstören und als Sklaven unterwerfen oder ihr aber ein Paradies bauen, in dem sie leben können. Da sie intelligenter sind als wir uns vorstellen können, sind sie unberechenbar. Nach den besten Prognosen, die jedoch nicht fundiert sind, kann es frühestens um 2025–2045 so weit sein.

Was ist Intelligenz?

Es gibt keine allgemein anerkannte Definition von Intelligenz und deshalb auch nicht von künstlicher Intelligenz. Viele würden sie als Fähigkeit beschreiben, Dinge nach bestimmten Vorgaben abzuarbeiten, was Computer schon lange viel besser können als wir Menschen. Intelligenz beinhaltet ebenso Kreativität und die Fähigkeit zu lernen, Verbindungen herzustellen und Schlussfolgerungen zu ziehen. Die menschliche Intelligenz vermag Witze und Metaphern zu schaffen, sie spielt mit Bedeutungsunterschieden, stellt Zusammenhänge her und reagiert auf bestimmte Verhaltensweisen.

Ein Roboterarzt würde wahrscheinlich viel schneller zu einer Diagnose gelangen als ein Menschenarzt. Er könnte Millionen von Informationen über die körperliche Verfassung sowie Symptome miteinander abgleichen und eine Behandlungsform vorschlagen. Doch nur ein Menschendoktor kann Bauchschmerzen mit Depressionen in Verbindung bringen oder herausfinden, dass ein Patient über bestimmte Beschwerden nicht sprechen möchte, weil es ihm peinlich ist oder er Angst hat. Einem Computer würden Hinweise dieser Art gar nicht auffallen.

Wie nah sind wir dran?

Es gibt verschiedene Ansichten darüber, ob die Computer bereits über Intelligenz und Bewusstsein verfügen. Die Neurologen verweisen auf die Komplexität von tierischen Gehirnen und

„Erst wenn eine Maschine sich so intelligent verhält wie ein Mensch, ist sie so intelligent wie ein Mensch.“
Alan Turing

Der Turing-Test

Der Computer-Pionier Alan Turing (1912–1954) schlug einen Test vor, um herauszufinden, ob künstliche Intelligenz erzielt worden ist und ob ein Computer in der Lage ist, zu denken wie ein Mensch. Er besteht den Test, wenn ein menschlicher Kommunikationspartner keinen Unterschied zu einem Menschen feststellt. Turing war der Ansicht, dass es leichter war, ein Computer-Kind herzustellen und dann zu erziehen, als einen zu bauen, der bereits von Anfang an dem Gehirn eines Erwachsenen entspricht. Man könnte dagegen einwenden, dass Turings Anforderungen voraussetzen, dass die Intelligenz einer Maschine der des Menschen entsprechen muss.

Stuart Russell und Peter Norvig gaben zu bedenken, dass wir ja auch einem Flugzeug nicht erst dann die Eigenschaft des Fliegens zuerkennen, wenn es ebensogut fliegt wie ein Vogel. Funktionierende Flugzeuge konnten erst gebaut werden, nachdem der Vogel als Vorlage aufgegeben wurde.

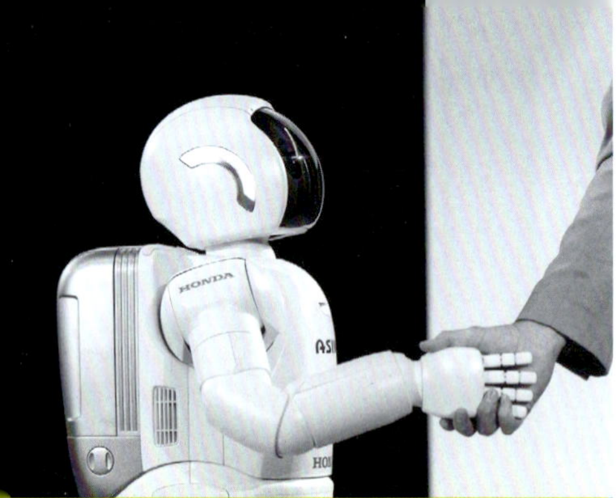

Ein langsames Gehirn

2005 wurde ein menschliches Gehirn durch einen Computer simuliert. Um eine Sekunde „Gehirnaktivität“ mit 10^{11} Neuronen auszuführen, brauchte der Computer 50 Tage.

vergleichen Computer allenfalls mit einfachen Organismen. Selbst das gesamte Internet reicht im Hinblick auf die Komplexität nicht an das menschliche Gehirn heran. Die Informatiker dagegen verweisen auf die modulare Konstruktionsmöglichkeit von Gehirnen, die der Struktur von echten (nicht notwendigerweise menschlichen) Gehirnen und Nervensystemen nahekommt. Ihrer Ansicht nach ist es nicht unbedingt notwendig, ein Gehirn zu imitieren, um Intelligenz zu erzeugen.

Ist es ein Gehirn?

In der Philosophie herrscht Uneinigkeit über die Frage, ob eine elektronische Kopie des menschlichen Gehirns auch dann als intelligent zu betrachten wäre, wenn sie nur scheinbar dieselben Funktionen ausüben könnte.

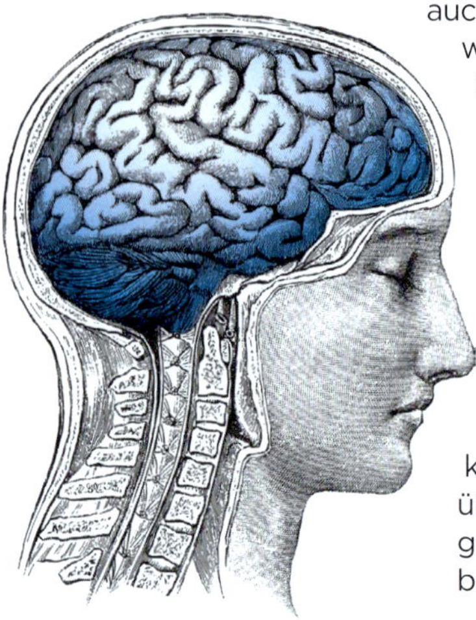

Ein Gedankenexperiment von John Searle, das er das „chinesische Zimmer“ nannte, erklärt, inwiefern KI nicht über ein Verständnisvermögen verfügt. Stellen Sie sich eine Person in einem abgeschlossenen Raum vor, der man auf Chinesisch geschriebene Fragen vorlegt. Sie kann zwar kein Chinesisch, doch sie verfügt über ein entsprechendes Nachschlagewerk, in dem sie anhand von Symbolen die Fragen nachschlagen und die passenden Antworten finden kann. Sie gibt die Antworten auf die Fragen nach draußen und jeder wird denken, diese Person könne Chinesisch. Auf diese Weise kann auch die KI den Anschein von Verständnis erwecken, obwohl es gar nicht so ist.

Searle unterschied zwischen schwacher und starker KI:

- „Ein physikalisches Symbolsystem (also ein Computer) kann intelligent handeln" – das entspricht einer schwachen KI.
- „Ein physikalisches Symbolsystem hat ein Bewusstsein und eine Gemütsverfassung" – das wäre eine starke KI und somit die Version, für die sich die Philosophie interessiert.

Die frühen KI-Informatiker gingen davon aus, dass das Bewusstsein Informationen nach bestimmten Regeln stückweise abarbeiten würde und dass dieser Ablauf auch von einer Maschine durchgeführt werden könnte. Der Schlüssel zur menschlichen Intelligenz sind jedoch die unbewussten Instinkte. Diese können nicht durch ein Regelwerk oder mathematische Verfahren wiedergegeben werden – daher auch die begrenzte Kompetenz des KI-Doktors. Hubert Dreyfus meinte hinsichtlich dieser Einschränkungen der KI, dass sich menschliche Intelligenz und Kompetenz nicht durch „Gewusst-was" (also faktisches Wissen), sondern durch „Gewusst-wie" (dynamisches Wissen) auszeichnet.

Turing nahm diesen Einwand vorweg, indem er sagte, dass auch die menschliche Intuition bestimmten Regeln folge, nur seien es eben Regeln, die wir noch nicht bemerkt haben. Seit Dreyfus' Arbeit in den 1970er-Jahren hat sich die KI in Richtung neuronaler Netzwerke und Entwicklungsalgorithmen bewegt, die insbesondere unbewusste Vorgänge und Verknüpfungen bewältigen sollen. In früheren Modellen wurden diese Bereiche nicht berücksichtigt.

Philosophische Zombies

Ob eine Maschine ein Bewusstsein haben kann, hängt vom Bewusstsein der anderen ab. Können wir uns überhaupt sicher sein, dass etwas oder jemand anderes ein Bewusstsein hat? Es ist möglich, dass Sie das einzige bewusste Wesen sind und alle anderen lediglich fleischbehangene Automaten oder philosophische Zombies.

Von der Dinghaftigkeit zum Sein

Intelligenz ist eine Sache, doch Bewusstsein ist möglicherweise etwas völlig anderes. Auch zum Bewusstsein und seiner Lokalisierung gibt es unterschiedliche Ansichten. John Searle meint, es gehe aus einer Ansammlung von Neuronen hervor, wie auch Nässe auf eine Ansammlung von Wassermolekülen zurückzuführen ist (siehe Seite 52). Danach hätte eine intelligente Maschine auch ein Bewusstsein.

Können wir uns ein Bewusstsein vorstellen, das nicht wie das menschliche Bewusstsein ist? Der amerikanische Philosoph Daniel Dennett gesteht Maschinen ein Bewusstsein zu, ja sogar ein Thermostat sei „bewusst". Diese Ansicht wird nicht von vielen geteilt. Doch wenn eine Maschine ein Bewusstsein hat, zeigt sich erneut eine Fülle von Problemen: Kann eine Maschine so etwas wie Hoffnung haben oder verzweifelt sein, Schmerzen, Wut, Liebe, Neugierde, Neid, Verlangen oder Stolz empfinden? Wenn ja, welche Rechte hat sie dann? Und welche Verantwortung würde sich daraus für uns ergeben? Ist sie dann ein Wesen? Diese Fragen wurden eingehender von der Science-Fiction behandelt, als von den Universitätsprofessoren.

Liebende Roboter

Im Film *A. I. – Künstliche Intelligenz* (2001) von Steven Spielberg liebt ein Junge mit künstlicher Intelligenz eine Frau, deren Sohn er ersetzen soll. Er kann nicht anders, als sie zu lieben und liebt sie auch nach 2000 Jahren noch. Welche Verantwortung haben wir gegenüber Robotern, die uns Menschen lieben?

Die japanische Regierung steckt viel Geld in die Entwicklung von Pflegerobotern für alte Menschen. In Japan herrscht ein immenser Mangel an Pflegekräften und man versucht dort, diese Lücke mit Robotern zu füllen. Wie sollen wir damit umgehen, wenn Menschen auf Roboter angewiesen sind oder emotional von ihnen abhängig werden?

Können wir dem Wissen Grenzen setzen?

Wissen birgt Vorteile und auch Gefahren. Schon seit dem Sündenfall trägt Wissen Gefahr in sich. Das Wissen in der Atomphysik hat zwar zur Entwicklung von medizinischen Untersuchungsmethoden wie dem MRT (Magnetresonanztomografie) und dem CT (Computertomografie) geführt, ebenso aber zum Bau von Atomwaffen. Die Kenntnisse in der Genetik verbessern den landwirtschaftlichen Ertrag und die Heilmethoden, können aber ebenso für terroristische oder kriegerische Zwecke missbraucht werden, z.B. durch die Herstellung von Killerviren. Gibt es auch Wissensbereiche, die einfach zu gefährlich sind? Sollten wir die Forschung – wie bereits aus ethischen Gründen – aufgrund ihres Gefahrenpotenzials in Schranken halten? Oder wächst uns dann das Böse über den Kopf?

Wie viel Macht den Maschinen?

Wir müssen ja nicht gleich an Killer-Roboter denken, doch welche Konsequenzen hat die Tatsache, dass wir uns von der Technologie abhängig machen und dadurch verletzlich werden? Die Finanzkrise von 2007/2008 war weitgehend auf unkontrollierbare Computer-Rechenvorgänge zurückzuführen. Die finanzmathematische Black-Scholes-Gleichung (nach den Wirtschaftswissenschaftlern Fischer Sheffey Black und Myron Scholes) als Herzstück der Handelswirtschaft hatte sich bei einer Summe von einer Billion Dollar pro Jahr als ungeeignet für den Handel mit Derivaten (hypothetisches Geld) erwiesen. Das entspricht dem Zehnfachen des Wertes aller in mehr als 10 Jahren weltweit produzierten Waren. Ein Computer trifft in einem Bruchteil einer Sekunde eine Entscheidung und dabei kann sehr schnell alles außer Kontrolle geraten. Einerseits erweitern die Computer unsere Möglichkeiten, andererseits können sie aber auch größeren Schaden anrichten – und sie haben dabei nicht einmal böse Absichten.

Die Killer-Roboter sind unter uns

Der Einsatz von Drohnen – unbemannte, computergesteuerte Fahrzeuge und Waffen – im Krieg ist höchst umstritten. Dass dadurch „unsere“ Soldaten verschont werden steht gegen das Argument, der Technik dadurch die Entscheidung zu übertragen,

Drohnen verletzen die ersten beiden Gesetze der Robotertechnik: Sie verletzen Menschen und befolgen Anweisungen, durch die Menschen zu Schaden kommen.

Menschen zu töten – worüber man natürlich streiten kann, da die Drohne auf Anweisung ein Ziel sucht, erkennt und vernichtet.

Die Befürwortung von Drohnen ist weitgehend utilitaristisch und zweckmäßig: Sie vernichtet ein bestimmtes Ziel (meistens ein versteckter Rebell o. Ä. im Feindesland) mit geringerem Kollateralschaden (z. B. noch weitere Menschen zu töten). Dabei stellt sich das philosophische Problem der Verwechslung von Tatsache und Nutzen. Die Tatsache, dass es einfach *ist*, ein Ziel mithilfe von Drohnen zu vernichten, bedeutet noch lange nicht, dass wir es tun *sollten*.

Die Position gegen Drohnen wendet sich gegen den utilitaristischen Standpunkt und argumentiert moralisch. Die Gegner verweisen auf unbeabsichtigte Vernichtungen und betonen die Unzulässigkeit in der Argumentation, eine Sache mit einer nicht zur Debatte stehenden Alternative zu vergleichen – wie z. B. mit flächendeckendem Bombardieren.

Eine dermaßen vom menschlichen Einsatz losgelöste Tötungsmethode macht das Töten zu einer Art Play-Station-Spiel, was bei dem Steuerungspersonal von Drohnen zu psychischen Schäden führen kann. Einem Bericht des Pentagon zufolge litten im Jahr 2011 30% der Drohnennavigatoren aufgrund einer existenziellen Krise nach dem Steuerungseinsatz an einem Burn-out-Syndrom. Entgehen die Navigatoren einer existenziellen Krise, dann kann ihre Reaktion auch entgegengesetzt ausfallen und das Töten wird „normal". Der Einsatz von Drohnen wird im Allgemeinen geheim gehalten, die Auswahl von Zielen erfolgt durch hochrangige Politiker und Militärs. Der Mangel an Transparenz kann zum politischen und philosophischen Problem werden. Dennoch vertreten manche Philosophen den Standpunkt, dass Moral auf den Krieg nicht anwendbar ist (siehe *Ist in der Liebe und im Krieg alles erlaubt?* Seite 125).

Kapitel 24

Werden wir bewacht oder überwacht?

Dient Überwachung einzig unserer Sicherheit – und wenn ja, zu welchem Preis?

In nahezu keiner Stadt kann man auch nur einen Schritt tun, ohne dass man von einer Videokamera beobachtet wird. Ebenso können unsere E-Mails, Telefonate und unsere Aktivitäten im Internet überwacht werden, sodass unsere Privatsphäre nach und nach eingeschränkt wird. Ist Massenüberwachung sinnvoll? Wie soll man Schutz und Privatsphäre gegeneinander abwägen?

Sie sind im Film

Videoüberwachungsanlagen erfüllen zwei unterschiedliche Funktionen: Abschreckung und Aufdeckung. Sie zeichnen auf, was sich in einem bestimmten Gebiet ereignet, um die Polizei im Falle einer Straftat bei ihren Ermittlungen mit Nachweisen zu unterstützen. Ebenso sollen sie Straftaten verhindern – warum sollte man etwas tun, was einen in Schwierigkeiten bringt? Ob Videoüberwachungsanlagen tatsächlich eine präventive Wirkung haben, ist umstritten. Manche Fachleute sind der Ansicht, dass eine gute Straßenbeleuchtung dieselbe Wirkung hätte – die Ursache sei die bessere Sichtbarkeit.

Schuld, Scham und Furcht

So mancher wird durch folgende Gründe von einer strafbaren Handlung abgehalten:

- **Furcht vor Bestrafung. Ist dies der einzige Hinderungsgrund, wird die Straftat ausgeführt, sobald eine angedrohte Strafe entfällt.**
- **Scham. Dazu bedarf es einer Öffentlichkeit. Nur wenn andere bemerkt haben, dass wir etwas Falsches oder Verabscheuungswürdiges getan haben, empfinden wir Scham.**
- **Schuld. Schuld ist etwas Privates. Wir fühlen uns schuldig, wenn wir etwas bedauern, egal welche Konsequenzen es hat und ob es jemand bemerkt hat.**

Schuld ist ein Anzeichen für ein verinnerlichtes moralisches System. Furcht kann auch ohne moralisches Bewusstsein empfunden werden. Scham verlangt das Bewusstsein eines moralischen Systems, doch muss der Täter nicht dieselben Werte des moralischen Systems teilen.

Mal sichtbar und mal unsichtbar

Würden Sie manche Straftaten verüben, wenn Sie ganz sicher wüssten, dass Sie nicht erwischt werden? Vielleicht keine schlimmen Delikte, sondern nur ganz kleine, wie z.B. die Abkürzung über eine Straße mit dem Schild „Nur für Anlieger!“

Stünde dort ein Polizist, würden nur wenige in die Straße hineinfahren, weil sie genau wissen, dass sie in Schwierigkeiten geraten könnten. Natürlich steht da nicht immer ein Polizist. Sobald er fort ist, werden die Leute die Straße als Abkürzung nutzen. Wenn der Polizist jedoch auf und ab geht, kann man sich nicht sicher sein, ob er da ist oder nicht. Dann nehmen sie lieber eine andere Straße. Die Schlussfolgerung ist widersinnig: Die *mögliche* Gegenwart des Polizisten hat letztendlich dieselbe abschreckende Wirkung – oder sogar eine noch stärkere –, als seine *tatsächliche* Gegenwart. Die örtliche Behörde könnte also einen von Straße zu Straße laufenden Polizisten zur Abschreckung einsetzen, weil er nicht sichtbar sein muss, um die gewünschte Wirkung zu erzielen.

Sehen Sie sich um — sie lauern überall

Das Prinzip des vorhandenen bzw. nicht vorhandenen Polizisten beruht auf einer Versuchsplanung für Gefängnisse, die der

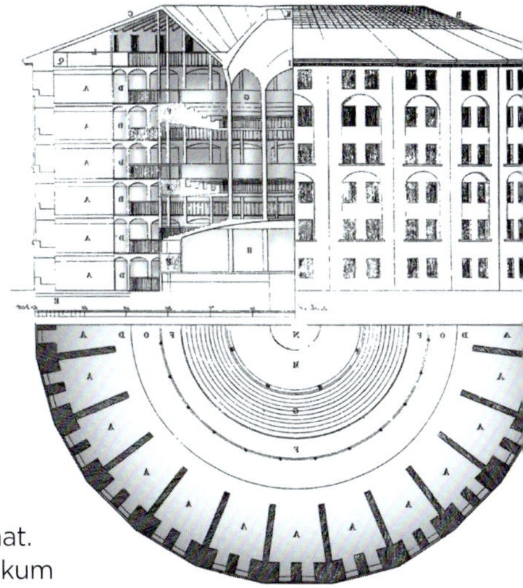

Philosoph Jeremy Bentham im späten 18. Jahrhundert erdacht hat. In diesem kreisförmigen Panoptikum (siehe Bilder) kann jede Gefängniszelle vom Kontrollturm in der Mitte aus beobachtet werden. Der Wächter hat von hier aus den Überblick über alle Zellen, aber die Gefangenen können nicht in den Wachturm schauen. Benthams Ansicht nach fühlen sich die Gefangenen so ständig beobachtet und verhalten sich die ganze Zeit über regelkonform. Ein Gängesystem, ähnlich einem Kaninchenbau, ermöglicht es dem Wächter, den Turm jederzeit unbemerkt zu verlassen, sodass der Wachturm auch nicht ständig besetzt sein muss.

Bentham bewarb das Panoptikum als „neue Methode, um mentale Macht über den Geist von bisher beispiellosem Ausmaß zu erhalten", was reichlich repressiv anmutet. Doch war sein Entwurf nicht als Mittel zur Unterdrückung gedacht. Eigentlich war er ein Befürworter des Individualismus und sprach sich für die freie Meinungsäußerung, für die Gleichberechtigung, das Recht auf Scheidung sowie gegen die Sklaverei, die Todesstrafe und die Diskriminierung von Homosexuellen aus – reichlich radikale Ansichten für das späte 18. Jahrhundert. Er nannte das Panoptikum eine „Mühle, um aus Schurken ehrliche Menschen zu machen" und sah darin das Potenzial, Kriminelle umzuerziehen. *„Zur Verbesserung der Moral – zur Erhaltung der Gesundheit – zur Belebung der Wirtschaft – zur besseren Unterweisung – um die Bürde der Öffentlichkeit zu erleichtern ... alles durch eine einfache architektonische Idee!"*

Das virtuelle Panoptikum

In George Orwells Buch *1984* (1949) stehen die Menschen durch Bildschirme, die in allen Wohnungen und an öffentlichen Plätzen installiert sind, ununterbrochen unter Beobachtung.

„Man konnte natürlich nie wissen, ob man zu jedem beliebigen Moment nicht beobachtet wurde [...] man lebte in der Annahme, dass jedes Geräusch, das man machte, mitgehört, und jede Bewegung, außer in der Dunkelheit, beobachtet wurde."

Auch der französische Philosoph Michel Foucault sah im Panoptikum ein Sinnbild disziplinierender Macht und der allgegenwärtigen und in die Privatsphäre eingreifenden Kontrolle – wie es auch heute ganz allgemein betrachtet wird.

Kann man aus Schurken ehrliche Menschen machen?

Die Gefangenen im Panoptikum verhalten sich zwar regelkonform, aber nur weil sie glauben, beobachtet zu werden, und die Bestrafung fürchten. Dadurch werden sie nicht zu ehrlichen Menschen, sondern lediglich gehorsam. Bentham mag gedacht haben, dass die Häftlinge durch ständiges gutes Verhalten daran gewöhnt werden – vergleichbar mit der Erziehung eines Kindes zum Zähneputzen.

„Wer beobachtet wird und sich dessen bewusst ist, übernimmt Verantwortung für die Restriktionen durch die Macht; er lässt sie willkürlich auf ihn zugreifen; er verschreibt sich dem Machtsystem, in dem er gleichzeitig zwei Rollen spielt; er wird zum Prinzip seiner eigenen Unterwerfung."

Michel Foucault, 1975

Wenn man eine Gesellschaft möchte, die aus gehorsamen Bürgern besteht, ist automatischer Gehorsam vielleicht gut genug. Immanuel Kant jedoch wäre damit nicht einverstanden gewesen. Er verlangte, dass die Menschen die Gesetze respektieren, weil sie es wollen – weil sie gute und sittliche Bürger sein wollen.

Eine sittliche Person zeichnet sich nicht dadurch aus, dass sie unreflektiert gehorsam ist. Ständige Beobachtung und Furcht vor möglichen Konsequenzen können auch Schaden anrichten. Es behindert unsere moralische Entwicklung und wir werden moralisch labil, sodass wir nicht mehr in der Lage sind, zu urteilen, und unser Verhalten zu reflektieren; ebenso wenig hinterfragen wir dann noch unsere Handlungen oder die Regeln, nach denen wir leben.

Bentham hielt es für nützlich, wenn die Regeln von den Menschen verinnerlicht werden und sie sich so zu gehorsamen Bürgern entwickeln. Für Foucault wurden sie dadurch verantwortlich für ihre eigene Unterwerfung.

„Wer unschuldig ist, braucht sich nicht zu verstecken"

2013 enthüllte der amerikanische Computerspezialist Edward Snowden, dass selbst normale Bürger in den USA, in Großbritannien und Israel bei der Nutzung des Internets durch die amerikanischen Geheimdienste überwacht werden – insbesondere auch europäische Persönlichkeiten aus Politik und Öffentlichkeit, wie z.B. die deutsche Bundeskanzlerin oder der Papst. Weil er darauf wegen Spionage und Landesverrat gesucht wurde, floh Snowden aus den USA.

Der Fall entfachte die schon lange anhaltende Debatte über Privatsphäre und Sicherheit von neuem. Die Behörden argumentieren, dass man ja nichts zu befürchten bräuchte, wenn man nichts zu verbergen versuche. Demgegenüber steht das Recht des Einzelnen auf eine Privatsphäre. Die Öffentlichkeit spaltet sich in zwei Lager:

Sollten Sie für Ihre Kinder eine Filtersoftware installieren?

Manche Eltern installieren auf dem Computer eine Software, damit ihre Kinder nicht auf Porno- oder andere Webseiten mit brutalem Inhalt geraten, die ihre psychische Entwicklung beeinträchtigen könnten. Über dieses Thema wurde viel diskutiert. Dabei kam die Frage auf, ob nicht gerade solche Schutzmaßnahmen die Kinder auf lange Sicht in ihrer Entwicklung beeinträchtigen, indem sie sie ihrer Eigenverantwortung berauben und sie so für ein selbstständiges Leben nur schlecht ausgerüstet sind.

> ***„Man kann nicht einerseits 100% Sicherheit, gleichzeitig aber 100% Privatsphäre und keinerlei Unannehmlichkeiten haben.“***
>
> Barack Obama (ehemaliger US-Präsident), 2013

Den einen gibt die Überwachung mehr Sicherheit, die anderen fühlen sich dadurch bedroht.

Kann Überwachung gerechtfertigt sein?

Nach der Meinung des amerikanischen Philosophen Emry Westacott hängt die moralische Zulässigkeit ab von:

- einem gerechtfertigten Grund,
- den verwendeten Mitteln,
- der Verhältnismäßigkeit von Risiko und Grad der Einmischung.

Außerdem sorgt sich der überwachte Bürger um den Umgang mit den gesammelten Informationen sowie um einen eventuellen Datenmissbrauch. Es scheint so, als könnte die Obrigkeit gerade tun und lassen, was sie wollte, doch sind ihre Möglichkeiten in einer Demokratie eingeschränkt. Wenn sie die Rechte der Bürger missachtet, ist die Folge, dass sie ihr das Vertrauen entziehen.

Wird die Überwachung als gerechtfertigt erachtet, denken die meisten Menschen zunächst an ihre Sicherheit und tolerieren den Eingriff in ihre Privatsphäre. Auf diesem Kurs befanden sich die Behörden in den USA und Großbritannien: Sie vermittelten den Bürgern das Gefühl, mehr Überwachung bedeute auch mehr Sicherheit. In manchen Fällen dient die Überwachung jedoch dem Schutz der Regierung – im schlimmsten Fall einzelner Personen in der Regierung. Dann wird die Bevölkerung den Eingriff in die Privatsphäre nicht befürworten, da sie keinerlei Vorteile dadurch hat.

Nur eine Nummer

Wenn Menschen als Datenmaterial behandelt werden, fühlen sie sich nicht wertgeschätzt und in ihrer Würde verletzt – ganz abgesehen von der Möglichkeit menschlichen oder technischen Versagens, durch die der Einzelne geschädigt werden kann. Die Überwachung kann dann nicht nur zu einem Verlust der Privatsphäre, sondern auch zu Machtmissbrauch und Beeinträchtigung der Persönlichkeit führen.

Kapitel 25

Sollten wir gegen den Strom schwimmen?

Ist es sinnvoll, die Meinung der Mehrheit zu teilen? Oder sollten wir hin und wieder gegen den Strom schwimmen?

Viele Menschen geben alles, um ein entspanntes Leben zu führen, und tun sich schwer mit unkonventionellen Ansichten, die nicht dem Mainstream entsprechen. „Schwimm' nicht gegen den Strom!", bekommen wir zu hören, wenn wir unangenehme Fragen stellen. „Millionen Menschen können nicht irren." Wirklich? Warum denn nicht?

Eine kurze Geschichte des Irrtums

Fortschritt entsteht, wenn die Menschen bessere Möglichkeiten entdecken oder bessere Erklärungen oder Theorien finden. Vor langer Zeit dachte man, die Sonne würde um die Erde kreisen, man setzte das hochgiftige Quecksilber gegen Syphilis ein, hielt Menschen als Sklaven und missbrauchte die Frauen. Pandas galten als mythische Wesen. Glaubten die Menschen nicht im Lauf der Zeit an ganz unterschiedliche Gottheiten? Sie können ja nicht

> ***„Habe den Mut, gegen den Strom zu schwimmen."***
> Papst Franziskus, 2013

alle recht gehabt haben. Die Anzahl an Gläubigen an eine bestimmte Religion oder an Anhängern einer bestimmten Überzeugung sind keine Garantie dafür, dass sie richtig ist.

Schnelle Fortschritte

Der Wissenschaftsphilosoph Thomas Kuhn (1922–1996) war der Ansicht, dass es in den Wissenschaften lange Phasen gab, in denen die vorherrschenden Erklärungsmodelle nicht hinterfragt wurden, gefolgt von kurzen Phasen radikaler Veränderung: Die meiste Zeit über weicht keiner von der Norm ab. Entscheidende Fortschritte entstehen nur durch unkonventionelles Denken. Menschen, die in großen Dimensionen denken, gelten als unglaubwürdig oder werden verhöhnt.

Der Astronom Nikolaus Kopernikus (1473–1543) veröffentlichte 1543 die Theorie, dass sich die Erde um die Sonne dreht. Mehr als siebzig Jahre später erklärte die katholische Kirche die Idee für „töricht, absurd … und ketzerisch" und forderte von Galileo Galilei, die Lehre dieser Theorie einzustellen. Das geozentrische Weltbild war in der Zeit vor Kopernikus so weit verbreitet und akzeptiert, dass es als anerkannte Realität galt.

Le sacre du printemps – revolutionäres Ballett

Le sacre du printemps **(etwa: Das Frühlingsopfer) ist ein Ballett und Orchesterstück, komponiert von Igor Stravinsky für die Balletttruppe von Sergei Djaghilev. Bei seiner Uraufführung 1913 in Paris kam es aufgrund seiner Neuartigkeit unter den Zuschauern fast zu einem Eklat. Heute gilt es als eines der wichtigsten Musikstücke des 20. Jahrhunderts.**

Lieber sterben als lügen

Der griechische Philosoph Sokrates machte sich unbeliebt, als er die Menschen von Athen nach ihren Überzeugungen und Ideen befragte. Er hielt Menschen auf dem Marktplatz an und forderte sie heraus, Begriffe wie Tugend oder Gerechtigkeit zu definieren. Er zeigte ihnen, dass ihre Vorstellungen nicht folgerichtig waren und geriet in große Schwierigkeiten, weil er die jungen Menschen in Athen angeblich verdarb. Er wurde

aufgefordert, seine Lehren zu unterlassen, aber er wollte lieber sterben als der Philosophie und der Suche nach der Wahrheit zu entsagen. Sein Todesurteil akzeptierte er und starb durch den Schierlingsbecher, ein giftiges Getränk (siehe Bild).

Ein entspanntes Leben

Bestimmte Ideen und Überzeugungen sind Teil unserer Erziehung. Sollten wir feststellen, dass sie falsch sind, werden wir sie überprüfen (oder auch nicht), weil wir dazu neigen, unsere Ansichten an der Mehrheit auszurichten, die – wie viele glauben – meistens richtig liegt. Die meisten Menschen bevorzugen Anerkennung oder zumindest nicht verhöhnt zu werden.

Sokrates empfahl, herrschende und von der Gesellschaft nicht hinterfragte Vorstellungen zu überprüfen und logisch zu überdenken, ob wir sie tatsächlich für wahr oder richtig halten. Eine Meinung zu haben und zu verteidigen, über die man nicht nachgedacht habe, sei, als entzöge man sich dem größten Vorteil des Menschseins.

Gegen den Strom schwimmen: Whistleblowing

Als Kinder lernen wir, dass es falsch ist, zu petzen und jemanden in Schwierigkeiten zu bringen, weil wir ihn bei den Lehrern oder den Eltern anschwärzen. Oft handelt es sich dabei um kleinere,

> ***„Ein nicht hinterfragtes Leben ist nicht lebenswert."***
> Sokrates

Was würden Sie tun?

Würden Sie sich bei einem der folgenden Sachverhalte an die Behörden wenden? Falls nicht: Würden Sie es eher tun, wenn Sie anonym bleiben könnten?

- **Ihre Nachbarin schreit ständig ihre Kinder an. Sie vermuten, dass die Kinder auch geschlagen werden, haben es jedoch noch nicht gesehen.**
- **Einer Ihrer Freunde ruft Sie in betrunkenem Zustand an und verkündet, jetzt mit dem Auto nach Hause zu fahren. Als Sie ihm vorschlagen, lieber ein Taxi zu nehmen, lacht er Sie aus und Sie hören, wie er den Motor seines Autos startet.**
- **Sie werden Zeuge, wie der beste Freund Ihres Sohnes hinter der Bushaltestelle Marihuana verkauft.**
- **Ihr Arbeitgeber lässt schlecht bezahlte Arbeiter im Ausland für sich arbeiten, versieht seine Produkte jedoch mit dem Fair-Trade-Siegel.**

unbedeutende und unbeabsichtigte Vergehen. Wer hat das Fenster eingeworfen? Wer hat den Hamster freigelassen? Wer hat die Mauer beschmiert? Den Schuldigen preiszugeben ist gleichzusetzen mit der Verbrüderung mit dem Feind (den Erwachsenen). Dieser Standpunkt ist langlebig und gilt in kriminellen Kreisen als ungeschriebenes Gesetz. Und wie viele von uns haben über kriminelles Verhalten schon die Stirn gerunzelt, ohne es jedoch zur Anzeige zu bringen?

Whistleblower enthüllen Korruption, Missbrauch oder dubiose Machenschaften im Interesse der Öffentlichkeit. Ihnen drohen harte Strafen. Auch wenn sie von vielen Ländern geschützt werden, müssen sie für die Berichterstattung über Verstöße einer Organisation – insbesondere wenn es sich um eine Regierungsorganisation handelt – einen hohen Preis zahlen.

Sich von anderen sagen zu lassen, was man denken soll, kann schlimme Auswirkungen haben.

Eigene Interessen kontra Interessen der Gemeinschaft

Das utilitaristische Prinzip erfordert es, Kosten und Nutzen für alle, die von einer Entscheidung betroffen sind, abzuwägen und diejenige Option umzusetzen, die das größte Glückspotenzial beinhaltet. Demzufolge wäre die Handlung des Whistleblowers gerechtfertigt, wenn sie die Menschen vor Gefahr oder Missbrauch rettet. Dennoch werden unsere Entscheidungen von Eigeninteressen beeinflusst. Auf einem sinkenden Schiff würden wir eher unseren Partner als völlig fremde Menschen retten.

Opfer bringen

Das Aufdecken von unzulässigen Praktiken ausbeuterischer Unternehmen kann mit den eigenen Interessen kollidieren. Ein Whistleblower kann seinen Job verlieren oder am Arbeitsplatz schickaniert werden. Er kann seinen Arbeitsplatz auch verlieren, dazu noch alle Freunde und sein gesellschaftliches Ansehen.

Held oder Verräter?

Der Amerikaner Edward Snowden hatte Unterlagen an die Presse weitergeleitet, die eine umfangreiche Überwachung von Privatbürgern durch die US-Behörden mittels Daten von Facebook und Google belegen. Er wurde des Landesverrats angeklagt und war gezwungen, zu fliehen.

„Mein einziger Beweggrund war, die Öffentlichkeit darüber zu informieren, was in ihrem Namen gegen sie selbst getan wurde.“

Ist er ein Verräter, der die Menschen aufbringt gegen aus Sicherheitsgründen notwendige Maßnahmen der Regierung, oder ist er ein Held, der sich für die Wahrung der Privatsphäre und des Auskunftsrechts von gesetzestreuen Bürgern einsetzt?

Sein Leben ist zerstört und er müsste bei seiner Rückkehr eine lange Haftstrafe im Gefängnis absitzen. Ist er ein Märtyrer oder ein Verrückter?

> ***„Entweder man macht sich mitschuldig oder bringt sich in Gefahr."***
> Michael Woodford, ehemaliger Geschäftsführer von Olympus, der die Verbindung des Konzerns zur japanischen Mafia veröffentlichte

Viele verlieren ihr Zuhause, ihre Familie, ihre Gesundheit oder müssen die ganze Prozedur eines Prozesses und den eindringlichen Verhören über sich ergehen lassen. Manchmal führt Whistleblowing auch nicht zu dem gewünschten Ergebnis, weil der Whistleblower in Misskredit gebracht wird und den Mitteln seines „Gegners" nicht gewachsen ist.

Stammeszugehörigkeit

Die Menschen verhalten sich gegenüber ihrer Gruppe, zu der sie gehören, loyal. Whistleblowing beinhaltet also stets einen Loyalitätskonflikt. Die Loyalität gegenüber einer kleineren Gruppe (z. B. Mitarbeiter und Arbeitgeber) steht im Konflikt mit der Loyalität gegenüber der Gesellschaft. Wenn diejenigen, die von der Enthüllung von Fakten profitieren würden, sich in weiter Ferne befinden, wie z. B. Fabrikarbeiter in Bangladesch, scheuen wir den Aufwand und lassen uns eher von der Loyalität gegenüber unserem „Stamm" vor Ort davon abhalten, uns für das Wohl von Personen einzusetzen, die wir nicht kennen und denen wir wohl niemals begegnen werden.

Das Gewissen triumphiert

Wenn sich ein Whistleblower dazu entschließt, ein Verbrechen oder einen Missbrauch zu enthüllen, hört er auf sein Gewissen und setzt sich dabei über Regeln, Richtlinien oder Loyalitäten hinweg, die ihn eigentlich zum Schweigen bringen sollten. Dem Evolutionsbiologen Charles Darwin (1809–1882) zufolge hat sich das Gewissen genau aus diesem Grund gebildet – um Konflikte zwischen dem eigenen Interesse und dem der Gesellschaft zu

> ***„Gewissen ist eine Sache des Staatsoberhaupts, des Herrschers."***
> Adolf Eichmann bei seinem Prozess in Jerusalem, 1962

Whistleblower enden oft als Märtyrer. Chelsea (ehemals Bradley) Manning wurde zu 35 Jahren Haft verurteilt, weil sie/er der Öffentlichkeit geheime Dokumente und Videos zugänglich machte, die zeigten, wie 2007 von einem US-Helikopter aus auf unbewaffnete Zivilisten und einen Journalisten geschossen wurde.

„Das private Gewissen ist nicht nur die letzte Festung der zivilisierten Welt, sondern ebenso die Gewähr der Würde des Menschen."

Martha Gellhorn, 1962

lösen, ohne dabei die gesamte Gemeinschaft zu gefährden. Auf individueller Ebene werden dadurch Verhaltensweisen vermieden, für die man sich schämen würde und die mit den Interessen der Gesellschaft unvereinbar sind.

Gewissen ist nicht immer rational, sondern oft mit dem Bauchgefühl verbunden, auch wenn es aufgrund langfristiger Indoktrination als besonderes moralisches System in Erscheinung treten kann. Es führt zu der Empfindung, dass die Enthüllung von Missbrauch „richtig" ist, auch wenn es für den Whistleblower vermutlich schlimme Folgen hat. Thomas von Aquin (1225–1274) z. B. erachtete das Gewissen als Anwendung der praktischen Vernunft. Einige andere wiederum sahen es als gottgegeben. Jedoch ist das Gewissen nicht unfehlbar – wie man an den Schergen despotischer Staaten sieht, die beim Foltern davon überzeugt sind, das Richtige zu tun.

„Erhalte dein Gewissen rein und du wirst immer voller Freude sein. Ein ruhiges Gewissen kann viel ertragen, doch ein schlechtes Gewissen ist stets unruhig und angsterfüllt."

Thomas von Kempen, *Nachfolge Christi*, ca. 1418

Kapitel 26

Ist Geben besser als Nehmen?

Bei jeder Gabe gibt es einen, der gibt, und einen, der nimmt. Ist der eine besser als der andere?

Ist es besser zu geben als zu nehmen? Und wenn ja, inwiefern? Wer profitiert mehr von der Barmherzigkeit – der Spender oder der Empfänger?

Geben aus freiem Willen oder aus Pflicht

Eine der fünf Säulen des Islam ist die *Zakat*. Sie besteht in der Abgabe von 2,5% des Einkommensüberschusses (der Betrag, der nach dem Abzug von Lebenshaltungskosten und Steuern übrig bleibt) zur Unterstützung der Armen. Die Zakat hat einen doppelten Zweck: Einerseits sollen sich die Muslime dadurch über ihren Wohlstand bewusst werden und es soll vermieden werden, dass sie über Gebühr nach materiellen

Gütern streben, andererseits dient sie ganz pragmatisch der Unterstützung der Armen und Hilfsbedürftigen. Sie gilt weder als Steuer noch als Wohltätigkeitsspende. Wer sie jedoch nicht entrichtet, wird hart bestraft: *„All jenen, die Gold und Silber anhäufen und es nicht auf dem Weg Allahs verwenden, überbringe ihnen die Botschaft einer qualvollen Strafe. Am Tag der Auferstehung wird es (das Gold und Silber) im Feuer der Hölle erhitzt und ihre Stirnen, ihre Seiten und ihre Rücken werden damit gebrandmarkt."*

Zur *Zakat* sind die Muslime also verpflichtet. Zur *Sadaqa* (Almosen) hingegen werden sie lediglich ermutigt.

Auch Menschen ohne religiöse oder gesellschaftliche Verpflichtung geben den Hilfsbedürftigen manchmal großzügige Almosen – vielleicht aus moralischem Antrieb. Macht das einen Unterschied?

Werte und Pflichten

Die Philosophen gehen von zwei unterschiedlichen Aspekten der Tugendhaftigkeit aus: Werte und Pflichten. Werte sind eher ergebnisoffen und gelten für Staaten oder Personen. Pflichten sind konkret und beziehen sich auf Handlungen. Wir können z. B. sagen, dass Gandhi ein tugendhafter Mensch war, insofern als er seiner gesellschaftlichen Pflicht nachgekommen ist, einem Verletzten zu helfen. Oft kommt es auch zu Überschneidungen: Ein mitfühlender Mensch wird einem Verletzten gegenüber eine größere Bereitschaft zur Pflichterfüllung haben. Zu einer Pflicht kann man sich moralisch oder durch eine Rechtsvorschrift gezwungen sehen. Es stellt sich dann die Frage, wie umfangreich unsere Hilfe sein sollte.

Hat man jemals genug geholfen?

Wenn Sie einen Hut kaufen oder in Urlaub fahren oder ihre Zeit vor dem Fernseher verbringen, gehen Zeit und Geld auf Kosten der Barmherzigkeit. Barmherzige Taten und Spenden hätten einen größeren Nutzen als ein neuer Hut, ein Urlaub oder ein Abend vor dem Fernseher, und wären daher die „richtige" Entscheidung. Trotzdem wollen wir auf unsere kleinen Annehmlichkeiten nicht verzichten und alles der Barmherzigkeit opfern. Zwei Kriterien des Konsequentialismus ziehen uns aus der Affäre. Der progressive Konsequentialismus empfiehlt ein Handeln, durch das wir zu einer besseren Welt beitragen können, jedoch sind wir nicht dazu verpflichtet. Der satisfizierende (anspruchserfüllende) Konsequentialismus empfiehlt eine ausreichende Produktion von Gütern – also müssen wir nicht alles im Namen der Barmherzigkeit opfern, solange wir wenigstens etwas geben und keinen Schaden dadurch anrichten, dass wir keine Zeit und kein Geld opfern.

Stellen Sie sich eine Person mit einem Einkommen von 50 000 € vor, die den Armen helfen möchte. Alles wegzugeben, wäre keine gute Idee, weil sie dann selbst auf Almosen angewiesen wäre. Eine andere Möglichkeit wäre, eine ausreichende Menge an Geld für die Lebenshaltungskosten zurückzubehalten und den Überschuss zu spenden. Allerdings hätte die Person dann kein

Für ein Paar Schuhe...

Der australische Philosoph Peter Singer stellte folgende Frage, um zu veranschaulichen, dass die geographische Entfernung für den Anstoß zu Barmherzigkeit entscheidend ist:

„Wenn Sie ein Kind vor dem Ertrinken retten wollen, würden Sie vermutlich in den Teich springen, auch wenn Sie sich dabei Ihre guten Schuhe ruinieren. Nur wenigen Menschen wären ihre Schuhe wichtiger als das Leben eines Kindes.

Warum zögern Sie dann, das Leben eines Kindes in einem fernen Land für den Preis von einem Paar Schuhe zu retten? Weshalb ist das Leben eines Kindes in Ihrer unmittelbaren Umgebung so viel wertvoller als das von einem in 10 000 km Entfernung?"

Geld für besonders elegante Kleidung, durch die sie vielleicht eine besser bezahlte Arbeit finden, noch mehr Geld verdienen, eine höhere gesellschaftliche Position erreichen und sich mit anderen wohlhabenden Menschen zusammenschließen könnte, die sich dann gemeinsam und mit größeren Summen um Arme und Hilfsbedürftige kümmern. Wer 5000 € spendet und zehn Freunde überredet, 2000 € zu spenden, hat einen größeren Beitrag geleistet als jemand, der 16 000 € gegeben hat.

Eiswasser überschütten oder einen Schnurrbart wachsen lassen?

Früher war Barmherzigkeit etwas Privates und Anonymes. Zwar kann man auch heute noch Geld in eine Spendenbüchse legen und anonym Geld überweisen bzw. eine Stiftung gründen, die nicht den Namen des großzügigen Spenders trägt, doch ist es heutzutage üblich, daraus einen Event zu machen. Die langweiligen alten Sponsorenläufe sind gesponserten Ich-lass-mir-einen-Schnurrbart-wachsen-Events, gesponsertem Eiswasserüberschütten oder gesponsertem Urlaub gewichen (Marathon in fernen Ländern, Schildkrötenrettungsaktionen usw.).

Natürlich kann sich niemand an einer Spendenaktion beteiligen, wenn er nichts davon weiß. Während man früher in aller Stille rannte oder schwamm, schüttet man sich heute einen Eimer mit Eiswasser über den Kopf oder lässt sich einen Schnurrbart wachsen – und stellt es in den sozialen Medien der Öffentlichkeit zur Schau. Diese Präsenz bringt den

Wohltätigkeitseinrichtungen mehr Geld und sorgt für eine höhere Freigiebigkeit. Natürlich bedeutet es auch: „Schaut alle her! Das bin ich!" Doch schmälert das die Größe der Geste? Oder ist es völlig einerlei, solange dadurch Geld fließt, das benötigt wird? Welche Rolle spielen die Absichten?

Tugendhaftigkeit üben, bis sie selbstverständlich ist

Aristoteles hätte gerne gesehen, dass wir Gutes tun, weil uns die Tugend dazu treibt, nicht etwa, weil wir jemanden beeindrucken oder uns besonders gut fühlen wollen. Unser natürliches Mitgefühl und unsere Großzügigkeit sollten uns dazu veranlassen, völlig ungeachtet dessen, welche Konsequenzen es für uns hat (solange die Konsequenzen nicht darin bestehen, dass wir daraufhin die Hilfe anderer benötigen). Doch was ist, wenn Sie gar nicht tugendhaft sind? Ist es dann immer noch gut, etwas zu geben? Es scheint so, denn die Menschen, die etwas bekommen, profitieren von Ihrer guten Tat und Sie können die Stärke Ihrer Tugendhaftigkeit trainieren, indem Sie Gutes tun. Vielleicht verinnerlichen Sie es, gütig zu sein und daraus entsteht ein völlig natürliches und spontanes Verhalten, wie Jeremy Bentham vermutet hatte (siehe *Werden wir bewacht oder überwacht?* Seite 165). Man kann es üben. Vielleicht ist der Anfang nicht ganz einfach, doch nach einer Weile wird es zu einem schönen Bestandteil des Lebens. Dann gelten Sie nach Aristoteles' Ansicht als tugendhaft.

Kapitel 27

Sein oder nicht sein? Das ist die Frage.

Wie man einem schweren Schicksal trotzt …

„Sein oder nicht sein?“, fragt Hamlet in Shakespeares berühmter Tragödie. Die Frage ist nicht nur, ob Selbstmord gerechtfertigt oder hingenommen werden kann, sondern ob es „edler“ ist zu leiden oder Selbstmord zu begehen. Es geht auch nicht nur darum, eine persönliche Krise zu lösen, sondern eine nachdenkliche Stimmung zu erreichen.

Gottgegebenes Leben

Für viele Menschen ist Selbstmord aus religiösen Gründen nicht zu rechtfertigen. Wenn Ihr Gott den Selbstmord verboten hat und Sie seine Lehren beherzigen, steht diese Option gar nicht zu Debatte.

> ***„Gottes Gebot ‚Du sollst nicht töten!‘ ist ein Verbot der Selbstzerstörung.“***
> Augustinus, 345–430

Für einen religiösen Menschen mag es entscheidend sein, was genau unter Selbstmord zu verstehen ist. Eine Definition könnte sein, dass eine Person freiwillig und bei

> ***„Selbstmord ist nicht nur eine Sünde, er ist** die **Sünde. Er ist das absolut Böse, die Weigerung, sich für das Dasein zu interessieren; die Weigerung, dem Leben die Treue zu schwören. Wer einen Menschen tötet, tötet nur einen Menschen. Wer sich selbst tötet, tötet alle Menschen. Was ihn anbetrifft, so löscht er die ganze Welt aus."***
>
> G.K. Chesterton, *Orthodoxie: Eine Handreichung für die Ungläubigen*, 1908

vollem Bewusstsein mit dem Ziel handelt, seinem Leben ein Ende zu setzen, was bereits gegeben ist, wenn man einen Arzt um eine tödliche Dosis eines Medikaments bittet. Rennt jemand in ein brennendes Gebäude, um ein Kind zu retten, und stirbt dabei, gilt dies nicht als Selbstmord, da der Retter nicht beabsichtigt hatte zu sterben. Auch wenn mit dem Tod als mögliche und nicht beabsichtigte Folge gerechnet werden muss, kann nicht von Selbstmord gesprochen werden. Wer versehentlich eine Überdosis eines verschreibungspflichtigen Medikaments einnimmt, begeht demnach nicht Selbstmord. Hier beginnt eine Grauzone. Sind zweifelhafte Selbstmordversuche, die man eher als Selbstmordgesten verstehen muss, wirklich mit dem Wunsch verbunden, das Leben zu beenden? Manche Selbstmorde könnten ebenso misslungene Selbstmordgesten sein - insofern, als sie als Geste fehlgeschlagen sind und mit dem Tod enden. Absicht, Bewusstsein und Resultat müssen zusammenkommen (siehe *„Das war doch keine Absicht" - Macht das einen Unterschied?* Seite 117).

Nicht nur für die Religionen ist das menschliche Leben unantastbar und Selbstmord daher nicht zu rechtfertigen. Wenn wir

Ist das Leben ein Geschenk, das man ablehnen kann? Wenn das Ihnen „geschenkte" Leben unerträglich ist, müssen Sie nicht dankbar sein. Es ist auch kein Geschenk, wenn der Spender noch einen Anspruch darauf erhebt. Mit einem Geschenk kann man machen, was man möchte.

11. September 2001: Der „fallende Mann" und die Nicht-Springer

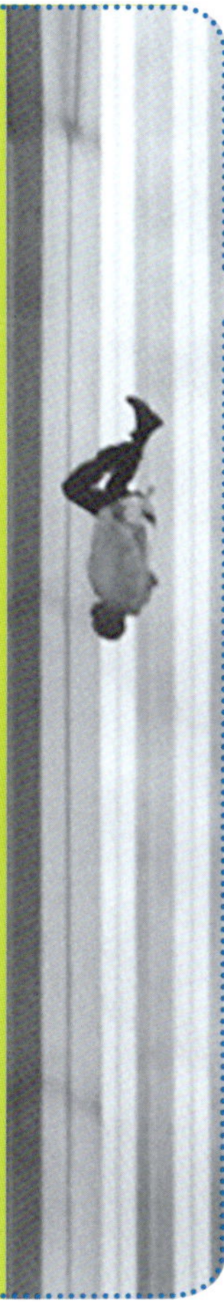

Bei dem Terrorangriff auf die Twin Towers des World Trade Centers am 11. September 2001 sprangen oder fielen 200 Menschen aus den Fenstern in den Tod. Ihre offizielle medizinische Todesursache lautete „Totschlag durch Aufprallverletzungen" und nicht Selbstmord. Man bezeichnete sie nicht als Selbstmörder durch Springen, weil man sich dabei zum Springen entscheiden muss. Diese Menschen jedoch hatten keine Wahl. Ihr Tod wurde als Totschlag eingestuft, weil er durch die Handlung anderer Personen verursacht wurde.

Nicht alle Angehörigen der Opfer waren mit dieser Darstellung einverstanden. Für einige gilt Selbstmord als Sünde, durch die man die Strafe Gottes auf sich zieht, ungeachtet der äußeren Umstände. Für andere wiederum war die Vorstellung ein Trost, dass ihre Lieben sich letztendlich zum Springen entschlossen hatten. Für sie galt es als edelmütiger, sein Leiden auf diese Weise zu beenden.

Die Versuche, den „fallenden Mann" auf diesem populär gewordenen Bild zu identifizieren, scheiterten an einigen Familien, die sich nicht mit der Überlegung auseinandersetzen wollten, ihre Angehörigen hätten sich lieber in den Tod gestürzt als in den Flammen zu sterben. Für sie führte Selbstmord in die ewige Verdammnis.

dem Leben des Menschen einen besonderen Wert zuerkennen, muss logischerweise jede Form des Tötens verboten werden – die Todesstrafe, das Erschießen von Verbrechern, die andere Menschen bedrohen, Kriegsgemetzel oder das Abschalten von lebenserhaltenden technischen Geräten miteingeschlossen. Aber nur wenige Menschen wären mit einem derart kompromisslosen Standpunkt einverstanden.

> *„Wenn die Lebensumstände eines Menschen überwiegend durch den Einklang mit der Natur bestimmt sind, ist es angebracht, dass er am Leben bleibt; ist das Gegenteil der Fall, ist es angebracht, dass er aus dem Leben scheidet."*
>
> Cicero, 106–143

Alles ertragen

Im antiken Griechenland galt Selbstmord als schändlich und feige. Nach Platons Ansicht ist er gleichzusetzen mit Fahnenflucht, da man den Platz verlässt, den man von den Göttern zugewiesen bekommen hat. Dennoch ließ er einige Ausnahmen zu wie Wahnsinn, unerträgliche Qualen, Schmach aufgrund von unsittlichem Verhalten sowie Selbstmord auf gesetzliche Anordnung.

Für die Stoiker, wie z. B. Seneca (4 v.Chr.– 65 n.Chr.), war Geduld eine Tugend und führte zu einem besseren Leben. Sie lehren uns, die Dinge anzunehmen und mit Vernunft und Mäßigung darauf zu reagieren. Sie verneinten emotionale Extremzustände nicht, versuchten diese jedoch umzuwandeln und dadurch ruhig zu bleiben. Nach Epiktet kann ein Stoiker „krank und dennoch glücklich, in Lebensgefahr und dennoch glücklich, im Sterben liegen und dennoch glücklich, im Exil leben und dennoch glücklich, in Schande und dennoch glücklich sein."

Die Stoiker schlossen Selbstmord nicht gänzlich aus: Er war zulässig bei sehr schweren und schmerzhaften Krankheiten oder wenn die Umstände es nicht zuließen, ein tugendhaftes Leben zu führen (z. B. in einer Diktatur). Wenn ein weiser Mensch aus vernünftigen Gründen zu der Erkenntnis gelangte, dass Selbstmord die beste Möglichkeit sei, war er auch zu tolerieren. Da die Stoiker Gesundheit und Freiheit als Grundbedingungen für das Wohlbefinden erachteten, wurde auch der Mangel daran als Grund für den Selbstmord akzeptiert. Seneca sagte, ein weiser Mensch lebe so lange, wie er soll, und nicht wie er kann. Das ist etwas anderes wie aus Verzweiflung über eine enttäuschte Liebe von einer Brücke zu springen.

Das Problem der Nötigung

Kann man von Selbstmord sprechen, wenn ein enttarnter Geheimagent eine Zyanid-Kapsel schluckt, um der Folter zu entgehen?

Angenommen er hätte gar nicht sterben wollen, es aber getan, um dadurch einerseits den Schmerzen der Folter, andererseits der Möglichkeit, sein Land unter der Folter zu verraten, zu entkommen – dann wurde er eigentlich zum Selbstmord genötigt.

Muss Nötigung stets durch eine Person erfolgen? Ein Patient im schmerzvollen Endstadium, der ansonsten nicht sterben möchte, sieht sich durch die äußeren Umstände dazu genötigt. Die meisten Menschen, die sich umbringen, versuchen damit, einer Sache zu entgehen – vielleicht einer unerträglichen Situation oder mentaler Verzweiflung. Könnten sie sich auf andere Weise entziehen, würden sie es auch tun. Tragen sie eine größere „Schuld" als der Geheimagent angesichts der Folter oder einer der Personen, die am 11. September aus einem der Twin Towers sprangen?

Das Undenkbare denken

Über Jahrhunderte hinweg galt Selbstmord im christlichen Europa als nicht verzeihbare Sünde. Thomas von Aquin hatte drei Einwände gegen den Selbstmord, wovon er einen interessanterweise als überheblich anprangerte: Durch Selbstmord nimmt man Gott die Entscheidung ab, über das Ende unseres Lebens zu entscheiden, wodurch seine Autorität untergraben wird.

In der Romantik galt der Selbstmord als unvermeidbare Antwort auf die Enttäuschungen der Seele in der Liebe und im Leben.

(Dies erinnert an Platons Vorstellung, Selbstmord sei mit Fahnenflucht zu vergleichen.) Erst als die Religion die Philosophie nicht mehr im Schwitzkasten hielt, konnte über den Selbstmord als zulässige Option nachgedacht werden.

Im antiken Griechenland stand der Selbstmord stärker in einem Spannungsfeld der Verpflichtungen gegenüber der Gesellschaft und den Göttern. Individuelle Zwangslagen hatten kaum eine Bedeutung.

David Hume betrachtete den gesellschaftlichen Aspekt – der heute immer noch bedeutend ist – aus utilitaristischer Sicht. Er gab zu bedenken, dass es einem Menschen unmöglich ist, mit einem schmerzvollen Leben einen Beitrag zur Gesellschaft zu leisten, sodass sein Verlust für die Gesellschaft kaum bedeutsam wäre. Das Individuum hingegen hätte den Nutzen, vom Schmerz befreit zu werden. In manchen Fällen würde die utilitaristische Gleichung zu Ungunsten des Selbstmords aufgehen – wenn z.B. Waisenkinder zurückblieben, die dann mit öffentlichen Mitteln versorgt werden müssten. Manche Selbstmorde haben nur geringfügige Auswirkungen auf die Gesellschaft, z.B. wenn keine Hinterbliebenen vorhanden sind. In jedem Fall muss der Schaden für einen potenziellen Selbstmörder durch das Weiterleben abgewogen werden gegenüber dem dadurch entstehenden Schaden für andere (Individuen oder Gesellschaft), um entscheiden zu können, ob ein Selbstmord moralisch vertretbar ist oder nicht. Wenn durch Selbstmord ein Gesellschaftsvertrag gebrochen wird, könnte der potentielle Selbstmörder entgegenhalten, dass die Gesellschaft den Vertrag schon längst aufgekündigt hat, weil das Leben unerträglich ist.

Das Unerträgliche ertragen

Die Existentialisten, die sich im 20. Jahrhundert in den Pariser Cafés zum Rauchen und Kaffeetrinken trafen, ermittelten den „absurden" Sachverhalt, dass das Leben der Menschen sinnlos ist, dass es keinen Gott gibt, unser Tun keinen

Zweck hat und letztendlich alles von Nichtigkeit und Tod bestimmt wird – „absurd“, weil das Leben und die Sinnsuche dabei absurd werden. Aus der Erkenntnis unseres Unvermögens und der Bedeutungslosigkeit entstehen Angst und tiefe philosophische Verzweiflung.

Wenn sich alles in Tränen auflöst, warum sollte man dann nicht gleich Schluss machen? Albert Camus kämpfte gegen die Ziel- und Sinnlosigkeit an: Letztendlich, so meinte er, müssten wir auch ungeachtet dieser Erkenntnis weiterleben. „Der Kampf alleine ist bereits ausreichend, um das Herz eines Menschen damit auszufüllen.“ Ausgehend vom griechischen Mythos des Sisyphos, der dazu verdammt war, einen schweren Stein auf einen Berg zu rollen (siehe Bild), nur damit er wieder hinunterrollt, empfiehlt er, sich einen „glücklichen Sisyphos“ vorzustellen – d.h. wir sollen die Situation annehmen und die Freiheit leben, die uns gegeben ist.

Selbstmord als Pflicht

Der Philosoph John Harding eröffnete eine kontroverse Debatte über eine mögliche moralische Pflicht zum Selbstmord. Ist das Weiterleben einer Person mit einer unverhältnismäßig großen Last für andere verbunden, wäre

„Niemand will sterben. Auch Menschen, die in den Himmel möchten, wollen nicht sterben, um dorthin zu gelangen. Trotzdem ist der Tod das, was wir alle gemeinsam haben. Niemand konnte ihm je entrinnen, und das ist auch gut so, weil der Tod vielleicht die einzigartigste und beste Erfindung des Lebens ist. Er ist der Erneuerer des Lebens. Es entrümpelt das Alte, um dem Neuen den Weg zu bahnen.“

Steve Jobs (1955–2011)

Japanische Samurai sahen es als ihre Pflicht an, sich nach einer Niederlage im Kampf, aus Scham oder weil sie zum Tode verurteilt waren, durch *Sepukku* oder *Harakiri* selbst zu töten. Für dieses Selbstmordritual wurde ein spezielles Messer verwendet, das man sich in den Bauch trieb.

es besser, sie setzte ihrem Leben ein Ende. Vor der Möglichkeit, solche belastende Personen töten zu lassen, schreckte er jedoch zurück. Dennoch sagte er: *„Aus Feigheit, Rechtfertigung und Mangel an Überwindung würde ich dieser Pflicht nicht nachkommen, um die Menschen zu schützen, die mir lieb und wichtig sind.“*

Es gibt keine Schlussfolgerung

Philosophie ist ein endloses Unterfangen. Wenn man einmal damit begonnen hat, über die unzähligen Fragen nachzudenken, die das Leben mit sich bringt, kann man nicht mehr aufhören. Auch wenn Sie auf einige Fragen zufriedenstellende Antworten finden sollten, werden Sie dennoch immer noch weitere Fragen finden, die Sie stellen können. Eine wichtige Frage sollte sich jedoch jeder stellen: „Was denke ich?" Davon hängt alles ab. Greifen wir noch einmal auf Kierkegaard zurück: *„Es geht darum, eine Wahrheit zu finden, die für uns richtig ist, um eine Idee zu finden, für die wir leben und sterben können."*

Die Philosophie fragt nach der Wahrheit. Wenn wir dabei nach der absoluten Wahrheit fragen, kommen wir wahrscheinlich niemals irgendwo an – aber das ist nicht das Gleiche wie Scheitern. Wenn wir es als Suche nach Ihrer Wahrheit betrachten, müssen Sie nur an das Ziel Ihrer Reise gelangen. Sie werden sie vielleicht schon auf dem Weg dorthin erkennen.

Denken wir abschließend noch einmal an Sokrates, der die Entwicklung der westlichen Philosophie überhaupt erst ins Rollen brachte: *„Ein nicht hinterfragtes Leben ist nicht lebenswert."*